KORIOLANO

KORIOLANO

WILLIAM SHAKESPEARE

Tradukis
Marjorie Boulton · Humphrey Tonkin

kun enkonduko kaj notoj verkitaj de
Humphrey Tonkin

William Shakespeare
Koriolano
Tragedio

Esperanto-Asocio de Britio
Barlastono, 2023
esperanto.org.uk

ISBN: 978-0-902756-69-4

Originala titolo: Coriolanus

La tekston tradukis Marjorie Boulton kaj Humphrey
Tonkin. La enkondukon verkis Humphrey Tonkin.

Enhavo

Enkonduko

La verko

La tragedio *Koriolano* estis verkita kaj supozeble prezentita (ni ne havas registron pri surscenigo) ĉirkaŭ la jaro 1608. Je tiu dato, Ŝekspiro, kies kariero kiel verkanto kaj prezentanto de dramoj komenciĝis iom antaŭ la jaro 1590, alproksimiĝis al la fino de tiu kariero. De la komenco, li interesiĝis (kaj lia publiko interesiĝis) pri politiko: en la 1590-aj jaroj li verkis plurajn historiajn dramojn pri la antaŭuloj de la tiama angla reĝino, Elizabeta, inter ili *Henriko Kvina* kaj *Rikardo Tria*, konataj al esperantlingvaj legantoj en ties tradukoj en la internacian lingvon. Tiuj verkoj ebligis esploradon de la populare akceptita versio de la angla historio: ili revizitis aliancojn, personajn rivalecojn, aspirojn kaj timojn, admirojn kaj malamojn. Kaj sub sia surfaco, la temo de politiko ebligis esplori la nuancojn de la homa psiko: ĝi senvualigis internajn motivojn, precipe kiam oni metis ĝin sur scenejon kie la rolantoj malfermas siajn pensojn al granda kaj kritika klientaro.

Eĉ verkoj ne en si mem politikaj – pluraj el la komedioj, kaj tragedioj kiel *Romeo kaj Julieta* aŭ *Reĝo Lear*, notinde ankaŭ *Hamleto* – havas sian politikan dimension, interalie en la manovrado de la diversaj roluloj kaj iliaj klopodoj domini aŭ priruzi.

Jam de la komenco de tiu ĉi nia pridiskuto, gravas kompreni, ke Ŝekspiro ne kreis siajn dramojn en vakuo. Kiel verkisto kaj teatra investanto li estis interalie komercisto: gravis liveri al la publiko temojn kiuj interesas tiun publikon, do kritike sekvi iliajn zorgojn, prioritatojn, scivolaĵojn; sed samtempe kontribui ion kredeblan, atentokaptan kaj informan. Krome, necesis tion fari en etoso kiu ne similis hodiaŭan demokratian malfermitecon, sed kie oni devis zorge treti por ne ofendi la instancojn aŭ la influulojn. Kaj finfine ja temis pri komerca entrepreno: teatraĵo produktu profiton kiu kontribuu al la enspezoj de la posedantoj.

Tra sia kariero de dudekkvino da jaroj, Ŝekspiro produktis iom pli ol 35 teatraĵojn kaj kontribuis al kelkaj pliaj kunlaboraj projektoj. *Koriolano* estis relative malfrua verko.

La Reĝino Elizabeta mortis en la jaro 1603, sen rekta heredanto, meze de la ŝekspira kariero. Jam antaŭ tiu profunde signifa okazintaĵo, la atento de Ŝekspiro komencis transiri el esplorado de la angla historio al aliaj politikaj modeloj – precipe tiu de Romo. La verko *Julio Cezaro*, ekzemple, ebligis esploron de la rilatoj inter diktatura potenco kaj aspiroj al libereco, tereno kie la ekscesoj (sed dumtempa stabileco) de absolutismo kolizias kun ofte naivaj supozoj pri egaleco. Ŝekspiro estis realisto: li vidis en la homoj ne nur la bonon sed ankaŭ la rezistan kaj obstinan malbonon kiu hantas nin ĉiujn kaj kiu subfosas niajn aspirojn al persona kaj kolektiva libereco.

Kompreneble, espori la vivojn de romianoj anstataŭ ekzameni tiujn de anglaj reĝoj estis malpli riske. La okaza jura persekuto de dramverkistoj tiuepoke estis fakto de la verkista vivo: la teatroj havis sian influon super la londona enloĝantaro – influon jen pozitivan jen danĝeran kaj subfosan. Kaj en medio kie analfabetismo ankoraŭ oftis (kvankam falanta), teatroj havis signifan influon ĉe la publiko.

Jakobo Unua, jam reĝo de Skotlando, heredis la anglan tronon en 1603 – surprize pace, kvankam ne sen postaj komplotoj. Rapide la malnovaj moroj ŝanĝiĝis. Tuj antaŭ la transiro Ŝekspiro estis jam verkinta *Hamleton*, kiu traktis (interalie) kortegajn komplotojn. Post la transiro sekvis *Reĝo Lear* (pri aĝa reĝo – ĉu ombro de Elizabeta?) kaj *Makbeto* (pri skota reĝo kaj la fondiĝo de la sangolinio de skotaj reĝoj de kiu originis Jakobo Unua). Ambaŭ dramoj rekte aliras la demandon de memstareco kaj regado – kaj ankaŭ de la homa kondiĉo. Kaj Elizabeta kaj Jakobo amis teatron: tiu kiu povis lerte manovri povus multon gajni per tiu amo – sed ankaŭ multon riski.

Samtempe Ŝekspiro turnis sin denove (post *Julio Cezaro*) al la historio de Romo, per *Antonio kaj Kleopatro* kaj per la nuna nia temo, *Koriolano*. Ĉi-lasta estas eble la plej malkaŝe politika el ĉiuj liaj dramoj: rakonto pri la neakordigeblo de la politika kaj milita vivo – aŭ almenaŭ pri la tragedio de homo kiu ne povis subigi sin al la ofte kompromitaj (kaj kompromisaj) moroj de la politika vivo.

Antonio kaj Kleopatro kaj *Koriolano* estas, samkiel *Julio Cezaro*, ĉerpitaj el la traduko de la *Vivoj* de la grekdevena biografo kaj filozofo konata al la romianoj kiel *Plutarchus* (jaroj 50–130 de nia erao). Plutarko rolis kiel influa funkciulo sub la imperiestro

Trajanus kaj poste retiriĝis por verki siajn *Paralelajn Vivojn* –
kvardek ses biografiojn de famaj grekoj kaj romianoj, plejparte
aranĝitajn pare: unu greko apud unu romiano. Eĉ hodiaŭ
tiuj biografietoj restas legindaj kaj informoriĉaj, kaj ili daŭre
disradias certan aktualecon. En 1579 Thomas North aperigis
sian tradukon de la Plutarkaj vivoj en la anglan sub la titolo *Vivoj
de la Noblaj Grekoj kaj Romianoj.*

Ĉiuj tri tielnomataj romiaj dramoj de Ŝekspiro pritraktas
problemojn de gvidado, kaj heroeco en rilato al regado. *Julio
Cezaro* estis verŝajne verkita proksimume samtempe kun *Henriko
Kvina* – du tre malsimilaj verkoj ekstere, sed interne – kiel
esploroj pri politika gvidado – similaj. *Antonio kaj Kleopatra* venis
tamen multe pli malfrue, ĉirkaŭ 1607, do kelkajn jarojn post la
instaliĝo de la Reĝo Jakobo; *Koriolano* probable sekvis du-tri
jarojn post tio.

En la verko *Julio Cezaro*, aroganta reganto, kiu estas sam-
tempe ŝlosila rolanto en la institucio kaj tekso de la ŝtato, estas
publike murdita. Rezultas enlanda milito en kiu bonintenca
ribelanto (sed murdanto) – Bruto – estas konvinkita pri la pravo
de la propra afero, eĉ ĝis sintrompo. Li eble pravas pri sia opinio
pri Cezaro, sed eksterleĝe transpreni la taskon rekonstrui laŭ-
leĝe tiun regadon – tio estas mem kaptiĝi de orgojlo, kaj kredi
la propran pravon. Bruto falas en la tragedian kaptilon: li estas
samtempe demokrato kaj perfidanto. En nia propra epoko eblus
nomi ne malmultajn tiajn Brutojn.

Se *Julio Cezaro* estus plene konstruita ĉirkaŭ la figuro de
Bruto, ĝi eble alprenus la intensecon de la ĉefaj ŝekspiraj

tragedioj. Sed tiel ne estas. Bruto dominas la duan duonon de la dramo, sed la fokuso de la verko estas iom alia: la dramisto, eble iom surprize, ne konstruas simple fokusitan tragedion sed politikan lecionon: *Julio Cezaro* estas studo de la ŝtato kaj la konsekvencoj de kontraŭŝtata ribelado. Ĝi sugestas, ke politika murdado neeviteble kaptas ankaŭ la murdanton, kiu rezulte komencas montri la samajn misajn trajtojn kiujn montris tiu kiun li murdis.

En *Antonio kaj Kleopatra* neglekto de ŝtataj aferoj konsistigas parton de la fokuso de la rakonto – sed Antonio estas samtempe supernorma batalanto kaj supernorma amanto, kaptita en dramo kiu havas epopee geografian vaston (la tutan Mediteraneon) kaj la konsiston de romanco. Tia ekzisto ne povas daŭri: la amantoj detruos sin per la propra pasio. Sed samtempe ne temas pri simpla fabelo de bonaj kaj malbonaj regantoj. Tion oni ja povas trovi ene de la intrigo, kie Antonio neglektas siajn respondecojn en la tripersona komuna regado de la Roma imperio kaj Kleopatra fuŝe marbatalas. Kontraste, la kontraŭ ili venkanta juna reganto, Oktavio, estas homo sensuka, senkolora, neinteresa kompare kun la du ĉefaj rolantoj kies nomoj formas la titolon de la verko. Interpreti la dramon kiel simplan lecionon pri regado estus perdi la superhoman romantikan elementon kiu pelas la dramon al ties fina tragedio per la morto de la ĉefrolantoj. Ne temas pri konvencia tragedio, sed pri portreto de heroo kies sistemo de valoroj estas samtempe korupta kaj glore plenuma – sed neniel daŭripova.

Antonio kaj Kleopatro ne estas laŭkonvencia tragedio, nek

dramo pri regado de la speco de _Julio Cezaro_, sed rakonto pri mislokita heroeco. Tiuj du aspektoj kuniĝas en _Koriolano_, kiu rekte frontas la streĉitecon inter la funkciado de la ŝtato unuflanke kaj la milita vivo aliflanke, kaj tion faras despli konvinke pro tio ke ambaŭ flankoj estas draste difektaj: la civila vivo sidas en la manoj de reganta klaso kiu tenas la potencon (kaj ne intencas vere cedi ĝin) kaj de laborista klaso kies opinio pri si mem superas la realon. La ŝtato restas relative stabila ĉar la regantoj superruzas la laboristojn, kiuj estas tro sensciaj (kaj tro konvinkitaj pri la propraj virtoj) por efike fronti la superruzon. Kiam la generalo Koriolano fariĝas la konsula kandidato de la reganta klaso, li pro fiero ne pretas ludi politikan ludon, kaj la plebanoj ne povas adaptiĝi. Ambaŭ flankoj plene mislegas unu la alian, kaj la rezulto estas la kolapso de la tuta inciato kaj ekzilo de la generalo. Elpuŝite de la laboristoj, Koriolano transiras al la malamikoj de Romio, kie tiu aroganteco kiu malhelpis lin konvinki la laboristojn fine blindigas lin al la perfido de tiuj malamikoj. Perdinte sian ekvilibron, Koriolano falas.

Kompreneble, ĉe ĉiuj dramoj de Ŝekspiro la fakuloj ne ĉiam interkonsentas: oni ne atendus tion kiam temas pri tiel riĉaj kaj komplikaj verkoj. Sed _Koriolano_, kiel eble la plej malferme politika dramo de Ŝekspiro, kvazaŭ invitas diferencojn de opinioj. Verkante en periodo de konsiderinda politika nestabileco (la komplotoj kontraŭ la registaro de Jakobo Unua, la posteulo de Elizabeta, estis abundaj kaj minacaj), Ŝekspiro kaŝas la proprajn opiniojn malantaŭ konsiderinda ambiguo.

Eble, pli juste, oni konstatu, ke la dramisto Ŝekspiro estis unuavice artisto, kiu celis interesi la publikon, ne prezenti difinitan politikan pozicion: teatroj ekzistis por gajni monon, ne por propagandi – kaj Ŝekspiro estis tre sukcesa mongajnanto, kiu ankaŭ (eble pro tiu flekseblo, kaj malkiel kelkaj aliaj verkistoj de tiu generacio) lerte evitis enkarceriĝon.

Aliflanke ni agnosku, ke sub la surfaco de politikaj opinioj en tiu ĉi periodo kiam prezentiĝis la dramoj de Ŝekspiro, kuŝis ekstremaj malkonsentoj pri la formoj kaj funkcioj de religio, la formoj kaj funkcioj de politikaj institucioj, kaj la rolo de la individuo. Iom pli ol tridek jarojn post la surscenigo de *Koriolano*, Anglio falis en internan militadon, kiun sekvis mortigo de la reĝo kaj ekesto de formo de respublikismo. Por sukcesi kiel publika figuro en tiuj jaroj (kaj dramistoj kiel Ŝekspiro ja estis certagrade publikaj figuroj), indis esti bona dancanto, ruza sinuanto…

Resume, do, la demando pri regantoj kaj regatoj, pri la institucioj de regado, estis temo tre aktuala en la koncerna epoko. La temo kaj la zorgo reaperis kiel fonto de maltrankvilo ankaŭ en nia propra epoko – epoko kiam la publiko tro facile kredas falsajn novaĵojn, regantoj senmorale manipulas tiun publikon, militoj estas elpensitaj por kontentigi la fantaziojn de tiuj regantoj. Dekomence, la kariero de Ŝekspiro prezentis al la spektantoj de liaj teatraĵoj sensciajn ordinarulojn kaj arogajn gvidantojn, sed ofte kun certa amindeco ĉe la unuaj kaj certa mislokita gloro ĉe la duaj. Ambaŭ danĝere mankas en *Koriolano*.

Pro ĉio ĉi, la demando pri la ŝekspira intenco restas malklara, ambigua, en *Koriolano*. Por iom malnodi tiun demandon, ni komencu per kelkaj bazaj konstatoj.

Koriolano estas la plej rekta ekzemplo de studo de romia heroo. Ĝi estas konstruita sur la verko *Antonio kaj Kleopatra* en tio, ke ĝi esploras unuopan romian gvidanton, kaj sur la verko *Julio Cezaro* en tio, ke ĝi rekte ekzamenas romian politikon. Same kiel la generalo Otelo, Koriolano estas viktimo de la propra neflekseblo. Supereca, orgojla, malestima pri aliuloj, eĉ ne preta submetiĝi al iliaj laŭdoj, li estas fine malarmata de sola ago de flekseblo: la preteco savi Romon pro la petego de la patrino, edzino kaj filo – kaj tiumaniere kompromiti la proprajn perversajn principojn.

Lia sento de si mem, lia supereco, lia rifuzo submetiĝi (eble utilaj sur la batalkampo sed certe ne en la politika medio) portas al li problemojn jam de la komenco. Malkiel Menenio, kiu, kvankam nobelulo, komprenas laŭ sia maniero la naturon de politiko kaj la ekvilibron de potenco, Koriolano (ankoraŭ kiel Kaio Martio) malestimas la tutan procedon. Menenio, kiu tamen ja volas teni potencon en la manoj de la nobeluloj, komprenas ke, cedante al la popolo la ŝajnon de potenco (ekzemple zorge aŭskultante ilin dum elektoj), oni povas tamen daŭre teni ĝin.

La lertoj de Kaio Martio, t.e. Koriolano, restas ne ĉe kunlaboro sed ĉe gvidado laŭ la propra juĝo – kapablo foje utila, sed eĉ ĉe militisto riska. Kiam ni renkontas lin, li jam kutimiĝis al kompleta venko kontraŭ malamikoj, al draŝado de aliaj ĝis submetiĝo. Pro tio, ekzemple, en Akto 1, sceno 4, frue en la batalo kontraŭ la volcia urbo Koriolo, Lartio demandas: «Kio okazis al Martio?» Ŝajnas, ke post tiam kiam la urbo malfermis siajn pordegojn por ebligi al la volskianoj eliri por kontraŭbatali la romianojn, kaj post ilia retiriĝo, Martio uzis la okazon por ŝteliri en la urbon:

> Fuĝantojn sekvis li ĉe la kalkanoj.
> Kun ili li eniris; tuj la pordojn
> ili batfermis. Kaj nun li estas sola
> por fronti tutan urbon.

Li reaperas kvazaŭ el la morto. Baldaŭ (1.6) li kunigas malgrandan grupon da soldatoj kaj petis la generalon Kominion «ke vi min loku kontraŭ Aŭfidio / kaj ties Antianoj» (1.6.58–59).

Kaj de tio ĉio sekvas. Martio montras en tiuj ĉi fruaj batalaj scenoj specon de senpensa kuraĝo, permesatan al li eble kiel la deputito de Kominio (kiu devas prizorgi malpli spektaklajn demandojn), sed maltaŭgan por fronti la politikajn batalojn kiuj baldaŭ sekvos. La gloro de liaj surkampaj elpaŝoj igas lin malefika varbanto de politikaj favoroj.

★★★

Kiel ni bone scias, tamen, la dramo malfermiĝas ne sur batalkampo sed en Roma strato, kie ribelaj civitanoj protestas, ke mankas al ili greno dum ĝi abundas ĉe la nobeloj. Menenio argumentas, ke la civitanoj perdis ekvilibron kaj sian senton de proporcio. Li rakontas la legendon de la ventro kaj ties membroj por ilustri kiel la diversaj partoj de la komunumo dependas unu de alia kaj kiel ekzekutiva potenco estas distribuita trans la sistemo.

La rakonto formas specon de ilustraĵo de la tuta dramo. Ĝi estas ankaŭ brila politikumo flanke de Menenio, kiu klarigas, ke la Romaj senatanoj estas la ventro kaj la plebanoj estas la ribelaj membroj.

La nobelo Menenio bone scias kiel kapti la atenton de la popolo, kiel paroli al ili en ilia propra lingvo, do per rakontoj facile kapteblaj – lerto kiun la dramisto Ŝekspiro bone komprenis. La esenco de la ribelado, kompreneble, estas la rezervoj de greno. Menenio frustre atentigas, ke la Romaj gvidantoj kreis tiujn rezervojn por la tuta ŝtato kaj, se la publiko nur iom trankviliĝus, ili povus esti utiligataj por forigi la malsaton. Rigarde el la dudekunua jarcento, ni kompreneble suspektas, ke tiu ĉi lerta politikisto faros nur tiun minimumon kiu kvietigos ilin, kaj ke tiu minimumo iele-tiele montriĝos avantaĝa ankaŭ al la nobeloj. Menenio bone konas la politikan arton.

Martio/Koriolano, aliflanke, esprimas nur malestimon. «Ili pendumiĝu» estas la sumo de lia respondo. Laŭ li, la oligarkoj ŝuldas neniun respondecon al la popolo, kiuj ne meritas helpon se ili rifuzas resti pacaj, ne rezignas protesti, kaj ne lasas regadon al la oligarkoj. Menenio pretas konsenti, ke la regantoj havas respondecon antaŭ la regatoj, sed Martio ne: la popolo fermu sian kolektivan faŭkon kaj dankemu. Martio tamen ja mencias, ke simila protesta grupo ĉe la alia flanko de la urbo gajnis reprezentiĝon de kvin «popolaj tribunusoj», inter ili Junio Bruto kaj Sicinio Veluto, kiun ni baldaŭ renkontos.

La novaĵo, ke la Volcianoj pretigas militon, igas la insurekcion forflui, sed la sceno finiĝas per diskuto inter Bruto kaj Sicinio pri la aroganteco de Martio: konsentite, ke ludi la rolon de deputito al Kominio en la kampanjo kontraŭ la Volcianoj estas ideala situo por eviti kulpon kaj gajni laŭdojn.

La detala enkonduko al la popolo kaj senato de Romo klarigas la esencajn temojn esplorotajn en la verko: temos pri politiko, politika manovrado kaj politikaj kampanjoj – aferoj tute aktualaj en la nia propra epoko. Temos ankaŭ pri la sano de la «politika korpo» – la nocio, ke la ŝtato funkciu kiel sana homa korpo, en kiu ĉiu organo havas sian rolon. Sekvas el tio, ke ne malofte ni renkontos aludojn al malsano, al epidemioj, al fizika korupto.

Rapide la intrigo avancas: la dua sceno prezentas la gvid-anton de la volcianoj, Tullo Aŭfidio, kaj skizas la militan rival-econ inter Tullo unuflanke kaj Kaio Martio aliflanke. En la tria sceno aperas la virinoj malantaŭ Martio: la konsterne timiga Volumnia, lia patrino, egale militema kiel la filo; la malpli agresa Virgilia, lia edzino; kaj la nobelino Valeria. Volumnia igas kristale klara sian pozicion en konversacio kun la pli familiema kaj pacema Virgilia:

> Aŭdu min deklari sincere: se mi havus dekduon da filoj,
> ĉiujn same amatajn, kaj tamen egale amatajn kiel vian kaj
> mian Martion, mi preferus, ke dek unu mortu noble por la
> patrujo, ol ke unu volupte trosatiĝu eksterbatale.

Ne mankas batalaj scenoj en la verkoj de Ŝekspiro (pensu nur pri *Henriko Kvina* aŭ *Rikardo Dua*). Sed ne estas kutime, ke oni plonĝu en ilin tiel frue en la dramo. Jam ĝis la fino de la unua akto estas evidenta la baza temo de la verko: la streĉiteco inter la racia funkciado de la ŝtato kaj la postuloj de militado.

★★★

Ree en Romo en la unua sceno de la dua akto, okazas interesa interparolo inter Menenio kaj la reprezentantoj de la popolo:

MENENIO	Vi mallaŭdas Martion pro fiero.
BRUTO	Ni ne tion faras solaj, sinjoro.
MENENIO	Mi scias, ke vi kapablas malmulton fari solaj: vi havas multajn help-antojn. Se estus alie, viaj agoj far-iĝus mirinde feblaj – viaj kapabloj tro infanecas por multon fari solaj.

Eĉ se tio montras la mallarĝon de la perspektivo de Menenio, li ne malpravas kiam li aludas nerekte al Bruto kaj Sicinio kiel «senmeritaj, orgojlaj, violentaj, koleremaj konsilianoj» nek kiam li iom ironie mencias la proprajn mankojn. Precize la kapablo de Menenio pri memkritiko igas lin kredinda kritikanto de aliaj personoj.

La konversacion interrompas la alveno de Volumnia, Virgilia kaj Valeria, kaj, tuj poste, la triumfoplena reveno de Koriolano. Bruto kaj Sicinio ne foriras: ili fariĝas spektanto de la triumfo. Eĉ se la tuta lando amas Koriolanon, diras Sicinio, kaj eĉ se tio kondukos al propono pri lia konsuliĝo, oni rapide forgesos lin, precipe se li rifuzos submetiĝi al la popola juĝo kaj montriĝas aroganta. Tio estus «afero samfacila kiel inciti hundojn ĉasi ŝafojn».

La dua sceno de la dua akto malfermiĝas per ofta Ŝekspira truko: konversacio inter du funkciuloj kiu skizas la fonon de la situacio. Sed la sceno abunde montras, ke la fiero de Koriolano havas sian specialan formon: li ne estas vanta laŭkonvencie, ne bezonas, ke liaj atingoj estu priparolataj. Priparoli ilin estas redukti ilian valoron: «Prefere mi tolerus novajn vundojn / ol aŭdi pri l' akiro de la jamaj.» Liaj ekspluatoj iel *preteras lingvigon*: ili estas tiel firme establitaj ke ili fariĝis nedisputeblaj. Li tiel alte valorigas la propran meriton, ke li nek defendos nek priparolos ĝin.

Sekve, Koriolano simple ekstaras kaj forlasas la senaton, kaj Kominio kaj Menenio havas la devon resti por defendi liajn meritojn. Oni ja proponas lin kiel konsulon, sed, eĉ post la reven-voko li ankoraŭ ne kapablas alparoli la popolon kiel oni atendus de normala politikisto. La sceno finiĝas, same kiel la antaŭa, per Bruto kaj Sicinio kiuj parolas inter si.

Malfermiĝas la tria sceno de la dua akto per diskuto inter civitanoj pri la balotado. Se Koriolano faros tion kion ili postulas, ili ŝajne ne havos alternativon: ili devos elekti lin, eĉ se li montris malestimon de la «multkapa amaso» kaj la diverseco de iliaj originoj:

> Ni tiel nomiĝis jam de multaj, ne ĉar niaj kapoj estas jen brunaj, jen nigraj, jen blondaj, jen kalvaj, sed ĉar niaj

mensoj estas tiel bunte diversaj. Vere, se ĉiuj niaj mensoj
elfluus unu kranion, ili flugus orienten, okcidenten, norden
kaj suden, kaj ilia sola interkonsento pri la vojo estus flugi
samtempe al ĉiuj kompaṣopunktoj.

Responde al la civitana demando pri kiu estu konsulo,
Koriolano deklaras, ke pro la merito kaj ne la deziro li ricevu la
oficon. Kaj se monon ili bezonas, pri kiom temas? Tiel, la iom
malkohera deziro de la popolo, ke ĝi regu la propran sorton,
kolizias kun la supozo de riĉuloj ke elektoj estas aĉeteblaj. La
civitanoj serĉas nur la ŝajnon de bona pritrakto, sed Koriolano
eĉ ne kapablas tion liveri: «Pli bone morti, morti pro malsato /
ol, jam merita, gajni nur pro flato.»

Malvolonte la civitanoj interkonsentas subteni Koriolanon,
sed Bruto kaj Sicinio atentigas ilin pri la eraroj de ilia rezonado.
Kiam fine ili ekiras al la Kapitolo, ili jam komencis pridubi la
propran decidon.

★★★

Novaĵoj pri la Volcianoj malfermas la trian akton: ili denove
pretigas militon. Aŭfidio estas en Antio, la ĉefurbo. Koriolano
esprimas la esperon vidi lin tie.

Rapide la situacio degeneras. Koriolano kritikas la nobelojn,
ke ili entute permesis, ke la popolo havu voĉon en la aferoj de la
ŝtato. Ili montras nur ĝeneralan senscion kaj nestabilon:

Via maldigno pistas veran juĝon,

kaj rabas de la ŝtato la integron

kiu, sen povo fari bonon pro malbono,

in devus reguligi.

En la sekva prihurlo, Koriolanon oni haste forgvidas dum la popolo krias, ke li mortu. Menenio klopodas rezoni kun ili kaj konvinkas ilin tamen doni al Koriolano unu plian ŝancon. Eĉ Volumnia pledas al Koriolano, ke li montru pri da flekseblo, sed tio preteras lian kapablon. Responde al krioj, ke li estu ekzilita, Koriolano returnas la kriojn al la popolo:

Hurlanta hundogrego, kies spiron

mi hatas kiel marĉoputran stinkon,

kies amon mi respektas kiel kadavrojn

antaŭ la enterigo, koruptantajn

mian aeron, mi ekzilas vin.

«For de vi mi turnas nun la dorson», li deklaras: «Estas mondo aliloke.»

«Kiam mi mankos, ili min amos», Koriolano asertas je la disiĝo de familianoj kaj amikoj en Akto 4, sceno 1. La dua sceno de la akto prezentas lian edzinon Volumnia en rektan kolizion kun la civitanoj. La tria sceno nur konfirmas la kaosan situacion en Romo per interŝanĝo de novaĵoj inter volciano kaj romiano (Nikanoro kaj Adriano: ili ja havas nomojn, sed ne reaperas).

La alveno de Koriolano al la domo de Aŭfidio ebligas iom

da malstreĉo (flanke de la teatra spektantaro): la servistoj jen miskomprenas Koriolanon jen miskomprenas sin mem, sed la fina rezulto estis renkontiĝo de Koriolano kaj Aŭfidio. Koriolano klarigas, ke li venis kun certa rezigno: Aŭfidio ja pravus se li simple tranĉus lian gorĝon – sed Koriolano sugestas, ke li eble povus helpi Aŭfidion kaj la volcianojn venki la romianojn. Tiel, do, la granda heroo, iama defendanto de Romo, nun fariĝis simpla instrumento de nuda venĝo – homo kiu ne kapablas rigardi preter la propra valoro por vidi la valoron de aliaj. Li ja sentas certan perversan lojalecon al Aŭfidio, sed nur tiun lojalecon kiu permesos al li manovri por tamen detrui tiun kiu estas fundamente lia malamiko. Tiu kiu ne agnoskas la valoron de aliaj kaj amas nur sin mem estas destinita al pereo.

Ni nun eniras konatan teritorion de Ŝekspiro: la esploradon de vundita psiko. En neniu alia lia dramo ĝi estas tiel senkompate eksponita.

En la venonta sceno (4.6) sekvas la neevitebla rezulto de tiu ĉi stranga alianco de konveno: post multa singratulado flanke de la civitanoj, ke ili liberigis Romon de la sentaŭgulo Koriolano, venas novaĵoj, ke li kuniĝis kun Aŭfidio kaj almarŝas Romon. Subite la singratulado transformiĝas al nuda timo.

Tamen, havi Koriolanon kiel sian amikon estas eĉ pli problema ol havi lin kiel kontraŭulon: Aŭfidio asertas (4.7.8–10): «Li kondutas pli fiere, eĉ al mi, / ol ŝajnis je l' brakumo.» Doni al li la kungvidadon de la volcia armeo eble ne estis tiel brila ideo… Tamen, Aŭfidio, per teatreca parolado pri la renversoj de la fortuno kaj de historio (kiu estas samtempe komentario pri la personeco de Koriolano), turnas sin al la tujaj cirkonstancoj: «Kiam, Kaio, Romo estos via, / vi estos malriĉa, kaj tiam vi estos mia» (4.7.56–57).

★★★

Kaj tiel okazas, kvankam ne tute laŭ la imago de Aŭfidio. Menenio, fine cedante al la civitanoj, senentuziasme konsentas aliri Koriolanon por konvinki lin ne legi sin al la volcianoj. Kiel Menenio antaŭvidas, Koriolano facilanime lin forpuŝas. Tamen, kiam liaj familianoj ree provas, sekvas unu el tiuj scenoj kiun la lerta dramisto Ŝekspiro sukcesas ŝraŭbi ĝis la plej alta nivelo de streĉiteco. Konvencia dramverkisto restus firme ene de la fikcio, sed Ŝekspiro tute konscie faras la malon: li kvazaŭ atentigas la publikon, ke temas pri fikcio. Antaŭ sia familio, Koriolano deklaras:

> Kiel aktor'
> Obtuza, mi forgesis miajn versojn,
> Kaj mutas malhonore.

«Mi min forgesis! Ĉu mi ne reĝas?» demandas Rikardo Dua en momento de alta streĉiteco. Ŝekspiro aŭdace, defie, instigas nin respondi, «Nu, fakte vi estas simple aktoro kiu ludas reĝon» – same kiel Makbeto imagas sin «fuŝa aktoro kiu / pavas kaj paradas sur scenejo / kaj poste malaperas». La plej bona maniero kateni la spektantojn al la fikcio estas deklari, ke temas pri fikcio.

Malpli fortaj dramistoj ne kuraĝus fari tion.

Kompreneble, ni volas, ke la iluzio daŭru, ke la mondo de la dramo restu la mondo kiun ni frekventas. Sed por Korioano temas pri la ludofino: patrino, kiu daŭre instigis lin al militado, nun pledas pacon; edzino aldonas siajn larmojn. Sed filo, senpeka, malforta, lin defias…

Per neeviteblo dolorige malrapida, la kvina akto proksimiĝas al fino: la kompromitita Koriolano proponas pacon, kaj sekvas griza morto je la manoj de la murdistoj menditaj de Aŭfidio. La rado plene turniĝis.

Tiel, Koriolano, kiu savis Romon el pridetruo nur por poste malestimi ĝin, nun fine enkadriĝis kiel homo kun nur unu pasio: orgojlo.

Tamen, Aŭfidio, kiel lerta aktoro, rapide ŝanĝas sian rolon: ne plu perfidulo, li rapide ŝanĝas (por tiel diri) la dramon kaj fariĝas ia Fortinbraso antaŭ la faligita korpo de Hamleto, ia pardonema generalo antaŭ tragika falinto:

> Mi perdis la koleron; tristo frapas.
> Lin forportu. Helpu tri soldatoj,
> mi la kvara. Batu la tamburon:
> parolu ĝi lamente. Lancojn turnu.
> Kvankam ĉi-urbe multe li vidvigis,
> seninfanigis multajn, kiuj ankoraŭ
> priploras la ofendon, li ricevu
> memoron noblan.

Nu, tiu figuro ja ne estas Hamleto, sed la savrimeno kiun Aŭfidio ĵetas al ni estas bonvena. La rakonto pri Koriolano estas rakonto pri mislokita aspirado, ne pri neniismo – do pri la ebleco bonon fari, kaj la eĉ tro homa rifuzo cedi al tiu bono.

La traduko

Marjorie Boulton komencis okupiĝi pri *Koriolano* ŝajne jam en la 1990-aj jaroj. Ĝi neniam estis ŝia unua prioritato, sed okupo al kiu ŝi turnis sin tiam kiam ŝi havis tempon. Jam en letero de 22 decembro 2000, ŝi petis al mi, «Se mi sukcesos fini mian tradukon de *Coriolanus*, ĉu vi konsentas trarigardi ĝin? Ne estos baldaŭ, sed ne temas pri nura revo: mi jam tradukis du aktojn, kvankam mem devos multe revizii… Ofte mi portis pecon kiam mi estis for de la hejmo», kaj ŝi priskribas, tie kaj aliloke, tradukadon en hoteloj kaj trajnoj. Mi tiutempe laboris super mia traduko de *Henriko Kvina* (kiun mi grandparte tradukis en trajnoj inter mia hejmo kaj la urbo Novjorko…), kiun mi sendis al ŝi, unue en manuskripto, kaj poste kiam ĝi aperis en 2003. Dankante min, ŝi skribis, «Kaj nun mi DEVAS fari Koriolanon.» Rakontante pri sia vizito al la Brita Esperanto-Kongreso en Glasgovo tiujare (kie ŝi vundis sin falante laŭ hotela ŝtuparo), ŝi skribis, ke ŝi lasta-tempe tradukis «pecon de akto 5».

Evidente plaĉis al ŝi mia traduko, eĉ se de tempo al tempo dum la legado ŝi bedaŭris la perdon de tiu aŭ alia nuanco. «Sed tre ofte mi kapjesis, murmuris, ‹jes, jes, tre bone› – kaj oni povus *aktori* vian tekston.» Precize tion mi celis – kaj evidente Marjorie samon celis per sia traduko de *Koriolano*: la lingvaĵo bone fluas, kaj ŝi ne hezitas, kiam necese, redukti komplikojn favore al klaro.

Tamen, tiu traduko de *Koriolano* fariĝis iuspeca ŝarĝo por Marjorie. Du jarojn poste, en 2005, letero mia adresita al ŝi laŭdis ŝian raportitan progreson, ne tiom pro la efektiva progreso sed por kuraĝigi ŝin. En 2006 ŝi skribis: «Mi ne forgesas pri *Koriolano*: mi estas en la 5-a akto, sed tre deziras iom da trankvilo por traduki.» Responde mi esprimis esperon, ke baldaŭ mi povos vidi la tutan tekston.

Tiu espero neniam realiĝis. Mi havis la impreson, ke iom post iom Marjorie aŭ perdis esperon aŭ decidis, ke la temo mem de tiu ĉi iom malfacila kaj morale kompromita verko ne tiel varme kaptas la imagopovon kiel antaŭe. Se en aliaj verkoj Ŝekspiro frontis la grandajn tragikajn filozofiajn demandojn aŭ kreis delikatajn komediajn strukturojn, *Koriolano* ripete memorigas nin pri la nura kompromitiĝo de la homa vivo en socio, pri la vaneco kaj vanteco de la homa kondiĉo. Dum Reĝo Lear hurlas kontraŭ la fortoj de la naturo, kaj Hamleto baraktas kun la mondo, Koriolano memorigas nin pri la vasta fendo inter principoj unuflanke kaj, aliflanke, la senprincipaj, aŭ misprincipaj, kompromisoj de la politika kaj socia vivo. Mi emas supozi, ke la komenca entuziasmo de Marjorie pri tiu ĉi tasko transformiĝis tra la jaroj en senton de devo kaj fine de rezigno.

En nia okaza interŝanĝo de leteroj certe estis postaj korespondaĵoj en kiuj *Koriolano* denove menciiĝis, sed ili aŭ definitive perdiĝis aŭ sin kaŝas ie en mia iom kaosa aro da dosieroj. Laŭ mia memoro, ili ne enhavis novaĵojn pri plia progreso de la projekto. Tie troviĝas letero de 2012 en kiu la aĝa Marjorie bedaŭras, per araneaĵa manskribo, sian «kompromititan vidkapablon» kaj eĉ ne mencias Koriolanon. «La resto do – silento», kiel diris la Zamenhofa Hamleto.

Se la kvina akto estis parte tradukita, kiel Marjorie ripete asertis, ne restas spuroj de tiu traduko. Inter ŝiaj paperoj, trovitaj post la morto en 2017, estis manskribitaj kajeraj paĝoj kiuj traduke kovras la kompletan dramon ĝis la mezo de la kvina sceno de la kvara akto. Entute 663 versoj ĉe la fino de la verko restis netradukitaj, almenaŭ inter la trovita materialo.

En la manskribita teksto en mia posedo, la unua akto estas en relative bona stato. Transskribante ĝin, mi zorge elprovis ĝin laŭ ritmo kaj signifo, farante nur etajn ŝanĝojn jen kaj jen. Same pri la unua sceno de la dua akto. Sed meze de tiu akto la kvalito de la teksto ŝanĝiĝas. Komencas aperi demandosignoj ĉe malfacilaj versoj aŭ parolturnoj, etaj truoj en la teksto – blankaĵoj por posta plenigo. Aperas forstrekoj. Evidente temas pri komenca, malneta traduko, kiun Marjorie intencis reviziti. Similaj singultoj karakterizas la trian akton: la metodo de Marjorie estis puŝi la tradukon antaŭen por iam poste reveni kaj solvi la malfacilajn stumbligaĵojn. Same ankaŭ en la kvara akto.

Fronte al ĉio ĉi, en la unua akto kaj parto de la dua mi povis grandparte uzi la tekston de Marjorie senŝanĝe: mia tasko fariĝis ĉefe eltrovo de solvoj al la tradukaj problemoj markitaj de demandosignoj aŭ blankaj spacetoj – la ĝustajn vortojn, la esprimojn kiuj retenu la ritmon, la okazajn neregulaĵojn kiuj vivigu la tuton. *Koriolano* estis relative malfrua verko inter la dramoj de Ŝekspiro, kaj sekve havas relative multajn skandajn neregulaĵojn (la fruaj verkoj estis pli regulaj; la malfruaj uzis pli grandan licencon). Feliĉe, tamen, ekzistas nur unu originala versio de la verko (kontraste al, ekzemple, *Hamleto* aŭ *Reĝo Lear*, kies publikigitaj tekstoj estas draste diversaj), kio simpligas la taskon de la tradukanto. Por la nuna traduko, Marjorie uzis la tekston New Cambridge (red. John Dover Wilson, 1960), mi la pli novan tekston Arden (tria serio, red. Peter Holland, 2013): ambaŭ estas redaktitaj tekstoj, sed la redaktoj kaj interpretaj notoj estas foje malsimilaj: mi emis alĝustigi, kie necese, al la pli moderna Arden.

Sed niaj redaktaj principoj estis tute similaj. Unue, la tradukita teksto ne estu pli longa ol la originalo, tiel ke la ludado moviĝu same rapide en ambaŭ lingvoj: la angla estas pli ŝpara je silaboj, kaj sekve oni povas en sama poezia formo pli koncize esprimi sin en la angla ol en Esperanto. Se oni volas eviti neakcepteblan longiĝon de la teksto (kiel okazis ekzemple en la Esperanta traduko de *Hamleto* fare de Newell) necesas do certa simpligo – kvankam tion parte kompensas la vortkunmetaj potencialoj de Esperanto.

Due, la fina rezulto estu ne nur legebla sed ankaŭ ludebla. Esperi pri la surscenigo de Ŝekspiro en Esperanto eble estas plimalpli vane: okazis fama prezento de la Zamenhofa *Hamleto* en la Antverpena Universala Kongreso de 1928, kaj de *Kiel plaĉas al vi* en parko en Vaŝintono en la Universala Kongreso de 1910 (en impone flua traduko de Ivy Kellerman) – kaj ankaŭ de la *Komedio de eraroj* en Sofio en 1963. Sed tio, kun kelkaj aliaj pli humilaj elprovoj, estas la tuta historio de la surscenigo de Ŝekspiro en Esperanto. Tamen, la verko estis kreita por ludi, kaj tiu principo de ludeblo ŝajnas al mi – kaj ŝajnis al Marjorie Boulton – redone esenca.

Kaj, fine, la verko ne estu tiel tordita, tiel neologismigita, ke ĝi ne estu alirebla fare de ordinare kompetenta esperantista leganto. Mi esperas, ke tiun celon ni kune atingis.

Ŝekspiro verkis plejparte en senrimaj kvinjamboj – formo kiu envenis la anglan poezion meze de la 16-a jarcento. Pare rimaj kvinjamboj jam abundis en la anglalingva poezio ekde almenaŭ la epoko de Geoffrey Chaucer en la 14-a jarcento. Tiuj «blankaj» (senrimaj) versoj estis unue uzataj en traduko de _Eneido_ de Vergilio kaj baldaŭ identiĝis kun la alta stilo de la klasikaj poetoj kaj dramistoj. Tiu stila trajto kvazaŭ diferencigis la rolulojn disde la ordinara mondo – kaj ankaŭ de la ordinaraj needukitaj homoj. La ordinara mondo ja parolis proze... Kiam senrimaj pentametroj (t.e. kvinpiedaj jamboj) komencis esti uzataj por dramoj, la rolantaj ordinaraj homoj tamen parolis proze, dum la nobeloj pentametris. Tiun diferencigon oni povas distingi en _Koriolano_ kaj pli-malpli ĉie en la ŝekspiraj dramoj. Pro tio la plebanoj, la proletoj, kutime parolas proze, ankaŭ en _Koriolano_. Eĉ se la ŝekspira prozo estas pli facile redonebla en Esperanto ol la poezio, ĝi tamen havas siajn karakterizajn trajtojn.

Je la alia ekstremo estas tiuj partoj de ŝekspiraj dramoj kiuj prezentiĝas en rimaj distikoj – rimparoj. Tiu karakterizo de plejparte la fruaj komedioj de Ŝekspiro mankas en la malfrua dramo _Koriolano_: restas nur okazaj distikoj por kvazaŭ meti finon al longa parolado aŭ individua sceno aŭ scenoparto.

La fruaj verkoj de Ŝekspiro (kiu verkis precipe poezie) estas takte tre regulaj, sed oni vidas pli kaj pli da nereguleco – pli da lozeco, por tiel diri – en la malfruaj verkoj, inter ili *Koriolano*. La dramisto iom post iom lernis kiel teni la spiriton, la senton, de reguleco, sed samtempe redoni version de la komplika ritmo de ordinara parolo. Unu el la taskoj de tradukanto estas decidi ĝis kiu grado imiti la malfruan, malpli regulan, stilon. Ŝekspiro kaj ties samtempuloj uzis tiun tamen daŭre formalan stilon por la ĉefaj rolantoj kaj ĉefaj okazintaĵoj, sed foje, precipe kiam parolas la nekleraj needukitaj popolanoj, tiuj, kiel mi jam notis, parolas proze.

Studanto de la anglaj tekstoj de la tri verkoj kutime nomataj kiel la tri romiaj dramoj de Ŝekspiro (*Julio Cezaro*, *Antonio kaj Kleopatro*, *Koriolano*) tuj rimarkos la stilajn diferencojn inter la unua verko kaj la du aliaj. Ĉiuj tri estis verkitaj precipe blank-verse, la favorata stilo de Ŝekspiro kaj liaj samtempuloj: deksilabaj jambaj versoj aparte taŭgaj por la angla lingvo (kaj, jarcentojn poste, reaperantaj ekzemple en la verkoj de la germanaj aŭtoroj Goethe kaj Schiller). Tiu senrima stilo levas la lingvaĵon super tiun de normala konversacio, do al poezia re-prezento de la priskribitaj okazintaĵoj – pli simpla ol la komplika poezia stilo de la grekaj kaj romiaj dramistoj sed kun simila retorika funkcio: ne temas pri klopodo redoni sur scenejo la efektivajn okazintaĵojn, sed re-prezenton, re-imagon, de tiuj okazintaĵoj realaj aŭ fikciaj.

Elizioj, ekstraj silaboj, komplikaj frazaj formoj nepre pli oftas en *Koriolano* ol en *Julio Cezaro*. Tradukanto ja malfacile redonas tiun diferencon, kiu povas egale aspekti kiel neatento al poeziaj detaloj. Se temas pri la reguleco de la versoj ĝenerale, kaj sekvante la ŝekspiran normon, Marjorie kaj mi strebis redoni la kvin akcentojn de regula verso, sed ne nepre kvin neakcentitajn silabojn por akompani ilin. Se norma verso enhavus dek silabojn, foje niaj versoj enhavas, ni diru, naŭ, aŭ dekunu aŭ eĉ dekdu.

Jam ekzistas longa kaj impona tradicio de tradukado de Ŝekspiro en Esperanton – tradicio fondita de Zamenhof mem kaj daŭrigita de renomaj poetoj, kiel ekzemple Kalocsay, Auld kaj Rossetti. Nun aldoniĝas al tiu listo Marjorie Boulton. Mi esperas, ke la nuna traduko kontribuos pozitive al tiu tradicio.

Humphrey Tonkin

KORIOLANO

Roluloj

Romianoj

Kaio MARTIO, pli poste Kaio Martio KORIOLANO
VOLUMNIA, lia patrino
VIRGILIA, lia edzino
JUNA MARTIO, lia filo
KOMINIO, konsulo kaj generalo
MENENIO Agripo, senatano
Tito LARTIO, vica generalo
SICINIO Veluto, popola tribuno (tribunuso)
Junio BRUTO, popola tribuno (tribunuso)
VALERIA, sinjorino, amikino de Volumnia
NIKANORO

Romaj PATRICIOJ, inkluzive de SENATANOJ, NOBELOJ,
    Sinjoroj, Junaj Nobeloj
Romaj CIVITANOJ, inkluzive de SINJORINO, Plebanoj,
    Akompanantoj, Asistanto
Romaj funkciuloj, inkluzive de KURIEROJ, du Kapitolaj
    FUNKCIULOJ, EDILOJ, HEROLDOJ, Liktoroj
ROMIA armeo, inkluzive de LEŬTENANTO, SOLDATOJ,
    Kapitano, Tamburisto, Trumpetisto, Standardo-
    portanto, Skolto.

Volcianoj

Tullo AŬFIDIO, generalo

ADRIANO

VOLCIA ARMEO, inkluzive de LEŬTENANTO, GARDISTOJ,
SOLDATOJ, Akompanantoj, Tamburistoj, Standardo-
portantoj

SENATANOJ de Koriolo

LORDOJ

3 SERVISTOJ, inkluzive de KOTO

KONSPIRANTOJ

VOLCIAJ CIVITANOJ, inkluzive de Popolanoj

Akto unua

1.1

Envenas amaso da ribelaj civitanoj, kun bastonoj, klaboj kaj aliaj armiloj.

1-a CIVITANO	Antaŭ ol plueniri, lasu min paroli.
ĈIUJ	Parolu, parolu.
1-a CIVITANO	Vi ĉiuj decidis morti ol malsati, ĉu?
ĈIUJ	Decidite, decidite.
1-a CIVITANO	Unue, do, vi scias, ke Kaio Martio estas ĉefa malamiko al la popolo.
ĈIUJ	Ni scias, ni scias.
1-a CIVITANO	Ni mortigu lin, kaj ni havos grenon laŭ nia propra prezo. Verdikto, ĉu?
ĈIUJ	Ĉesu paroli. Ni faru. Ek, for, for!
2-a CIVITANO	Unu vorton, indaj civitanoj.
1-a CIVITANO	Oni taksas nin malindaj civitanoj, la patriciojn indaj. Kio trosatigas la instancojn povus nin bele savi. Se ili cedus al ni la superfluon dum ĝi ankoraŭ freŝas, ni povus supozi, ke ili humane helpas nin. Sed ili opinias nian koston tro kara.

La magro kiu nin afliktas, la manifesto de nia mizero, estas kvazaŭ bilanco por registri ilian abundon: nia suferado estas ilia profito. Ni venĝu per niaj stangoj antaŭ ol kavos niaj vangoj. Ĉar bone scias la dioj, ke mi tiel parolas ĉar mi malsatas je pano, ne ĉar mi soifas je venĝo.

2-a CIVITANO   Ĉu vi speciale procedus kontraŭ Kaio Martio?

ĈIUJ   Kontraŭ li kiel unua. Li estas vera atakhundo kontraŭ la popolo.

2-a CIVITANO   Ĉu vi konsideras la servojn kiujn li faris por sia patrujo?

1-a CIVITANO   En ordo. Kaj volonte kontentus bone raporti pri tio, sed li kompensas sin mem per propra fiero.

ĈIUJ   Nu, ne parolu malice.

1-a CIVITANO   Mi diras al vi, ke tion, kion li faris renomige, li faris tiucele. Kvankam homoj de mola konscienco kontentu diri, ke li tion faris pro sia patrujo, li fakte tion faris pro sia patrino, kaj parte pro fiero – kio egale altas kiel la alto de lia virto.

2-a CIVITANO   Kio naturas al li, tion vi konsideras malvirto. Vi neniel rajtus diri, ke li avidas monon.

1-a CIVITANO   Eĉ se tiel, mi ne senfruktus je akuzoj. Li havas mankojn, kaj aldonajn, kiuj tedus dum ripetado. (*Krioj interne*) Kiuj krias? La alia flanko

	de la urbo leviĝas. Kial ni staras klaĉante? Al la Kapitolo!
ĈIUJ	Venu, venu!
1-a CIVITANO	Sed, momenton. Kiu alvenas?

Envenas Menenio Agripo.

2-a CIVITANO	La nobla Menenio Agripo, homo kiu ĉiam amis la popolon.
1-a CIVITANO	Jes, li sufiĉe honestas. Belus se la aliaj samus.
MENENIO	Metion kian sekvas vi, amikoj,
	kun stangoj, klaboj, kien iras, diru.
2-a CIVITANO	Nia afero ne estas al la Senato nekonata. Jam du semajnojn ili havas ideon pri nia intenco, kion ni nun montros per niaj agoj. Oni diras, ke malriĉaj petantoj havas fortan spiron; ili sciu, ke ni havas ankaŭ fortajn brakojn.
MENENIO	Sinjoroj, honestuloj, kaj amikoj,
	ĉu vi detruos vin?
2-a CIVITANO	Neeble, sinjoro; ni estas jam detruitaj.
MENENIO	Amikoj, mi insistas: la patricioj
	prizorgas vin kun plena karitato.
	Pro viaj mankoj kaj malsatsuferoj,
	same utilus draŝi la ĉielon
	kiel atenci la romian ŝtaton,
	kiu daŭrigos nepre sian vojon
	jam deciditan, rompos dekmil ĉenojn

pli fortajn ol vi iam ajn mem forĝus.
La dioj, ne la patricioj, kreas
la grenomankon. Por ili la genuoj
pli ol brakoj taŭgus. La mizero
transportos vin al pliaj katastrofoj
se vi insultos ĉefojn de la ŝtato
kiuj patre vin prizorgas dum vi sakras.

2-a CIVITANO   Nin prizorgas? Verdire, ili ĝis nun neniam
nin prizorgis: prefere lasas nin malsati, dum
la staploj krevas pro greno; ediktas pri uzuro
por subteni uzuristojn; nuligas ĉiutage ĉiun
sanan leĝon kontraŭ riĉuloj, kaj liveras pli
pikajn statutojn ĉiutage por ĉeni kaj striktigi
malriĉulojn. Se ne voros nin militoj, tion faros
ili; kaj jen la sumo de la tiel nomata amo.

MENENIO   Jen vi devas
konfesi vin konsterne malicegaj
aŭ ege stultaj. Mi al vi rakontos
fabelon ĉarman. Vi eble ĝin jam aŭdis,
sed, ĉar ĝi servas mian celon, mi
riskos malfreŝigi ĝin ankoraŭ.[1]

2-a CIVITANO   Bone, sinjoro, mi aŭskultos; sed ne esperu
forpuŝi nian mizeron per fabelo. Nu, bonvole,
liveru.

---

[1] La fabelo, ofte rerakontata de verkistoj, fontas el verko de la romia historiisto Tito Livio.

MENENIO
La membroj de la korpo, ekribele
kontraŭ la ventro, iam ĝin akuzis:
ke kiel kirlakvo ĝi ripozas tie
meze de l' korpo, pigra, neaktiva,
viandoŝranke, dume ne portante
saman laboron kiel la aliaj;
dum la ceteraj korpaj instrumentoj
vidas kaj aŭdas, planas kaj instruas,
iras kaj sentas, plene kunlaboras
al apetitoj kaj dezir' komuna
de l' tuta korpo. Ventro do respondis...

2-a CIVITANO
Kaj do, sinjoro, kiel respondis ventro?

MENENIO
Sinjoro, mi rakontos. Ridetante
ne el la pulmoj, sed jene – ĉar, vi sciu,
mi rajtas ja la ventron ridetigi,
se paroli – mokeme ĝi respondis
al membroj malkontentaj, kiuj ribele
enviis ĝian havon – same kiel vi
kontraŭ la senatanoj kalumnias,
ke ili vin malsamas...

2-a CIVITANO
                              La respondo?
Kapo reĝe krona, okul' observa,
kor' konsilanta, brak' soldata,
kruro ĉevala, lang' trumpeta,
kaj aliaj korpakcesoraĵoj
en nia maŝinaro, se...

MENENIO   Kio, do?

Brave li parolas! Kio, do? Kio, do?

2-a CIVITANO   … se de l' ventro kormorana,

tiu kloako korpa, limigitaj, …

MENENIO   Kaj?

2-a CIVITANO   … kiel respondus al la plendoj

de la aliaj la ventro?

MENENIO   Mi tuj diros

se de via eta pacienco

vi cedos porcieton, vi tuj aŭdos.

2-a CIVITANO   Longe vi spiras…

MENENIO   Notu, do, amiko:

la serioza ventro malrapidis,

ne fuŝimpete kiel l' akuzantoj.

«Veras (li diris), miaj korpamikoj,

ke mi unua prenas la manĝaĵon

per kiu vi vivadas. Kaj tiel taŭgas,

ĉar estas mi la provizej' kaj staplo

de l' tuta korp'. Sed se vi rememoras,

mi sendas ĝin tra viaj riveroj sangaj

eĉ al la koro, al la cerbkatedro,

tra la sinuoj kaj la ĉambroj homaj.

Tiel la fortaj nervoj kaj vejnetoj

de mi ricevas tiun kompetenton

per kiu ili vivas. Kaj malgraŭ ke – »

Aŭskultu, karaj, jenon la ventro diras –

2-a CIVITANO   Jes, kaj…

MENENIO	«ke ĉiuj ne povas vidi
	kion mi liveras al l' aliaj,
	tamen mi povas pruvi mian konton,
	ke ĉiuj vi ricevas la farunon
	dum mi nur branon.» Kion, do, vi diras?
2-a CIVITANO	Temas pri respondo. Sed kiel apliki?
MENENIO	La senatanoj estas tiu ventro
	kaj vi la ribelemaj membroj; pensu
	pri senatanaj zorgoj kaj konsiloj.
	Digestu ĉion saĝe pri komuna
	prospero, kaj vi trovos, ke nenia
	publika bono, kiun vi ricevas,
	ĉe vi originas… Kion do vi pensas,
	vi la halukso de ĉi-homamaso?
2-a CIVITANO	Mi la halukso? Kial la halukso?
MENENIO	Ĉar vi, plej suba, baza, povra
	en tiu ĉi ribel' unua iras –
	hundaĉo kiu ariere irus
	se mankus rekompenco avangarde.
	Pretigu vi la klabojn kaj bastonojn:
	Rom' kun siaj ratoj ekbatalos
	kaj unu flanko perdos.

Envenas Martio.

Nobla Martio!

MARTIO	Dankon. Kial vi, subfosaj sentaŭguloj,

rastante vian jukan opinion
pusigas vian haŭton?

2-a CIVITANO   Ĉiam ĉarma…

MARTIO   Uzi kun vi ĉarmajn vortojn flatus
abomene. Kion vi volas, hundoj
nek pacaj nek militaj? Milit' timigas,
dum paco vin pufigas. Kiu vin fidas
trovas ne leonojn sed leporojn,
ne vulpojn sed anserojn, same fidindajn
kiel fajro sur glacio, hajlo
sub sunbrilo. Via virt' similas
indigi tiun kiu krimon faris
kaj negi juston. Kiu meritas gloron
tiun vi malamas. Viaj sentoj
similas malsanulan apetiton
avidan nur je tio kio venenas.
Tiu kiu vin fidas, tiu naĝas
per naĝiloj plumbaj kaj prihakas
kverkojn per kanoj. Kial de vi dependi?
Pli bone vin pendigi, kiuj ŝancele
ĉiuminute ŝanĝas opinion,
nobligas tiun kiun vi malamis,
girlandas tiun kiun vi deskribis.
Kial diversloke en la urbo
vi kontraŭ la senato nobla krias
kiu, di-helpate, vin tenas orde
dum alikaze vi vin intervorus.

          [*al Menenio*] Kion ili volas?

MENENIO   Grenon, proprapreze, kiu, laŭ ili,
                  abundas en la urbo.

MARTIO   Ĉu laŭ ili?
                  Kamene ili sidas, arogante
                  pretendas scii pri la Kapitolo,
                  pri gajnoj kaj pri perdoj, frakcioj
                  kaj aliancoj, laŭ kapric' konjektas,
                  tretante la partiojn neamatajn
                  sub ŝuoj fuŝflikitaj. Abundas greno?
                  Se la nobelaro flankenmetus
                  kompaton kaj licencus mian glavon,
                  mi stakus mian predon de ĉi-sklavoj,
                  buĉitaj ĝis la alt' de mia lanco.

MENENIO   Tamen, ili preskaŭ persvadiĝis,
                  ĉar kvankam ili riĉe malprudentas
                  ili malriĉas iom je kuraĝo.
                  Sed kion diras la alia trupo?

MARTIO   Ili disiris, plende pri malsato
                  veante per proverboj, ke malsato
                  rompas ŝtonon, ke eĉ hundoj devas manĝi,
                  ke viando celas buŝojn, ke la dioj
                  ne celis nur riĉulojn per la greno.
                  Per tiaj kliŝoj ili furzis plendojn.
                  La peton oni jesis, iom strange
                  (ĝi rompas limojn de la nobeleco
                  kaj paligas la potencon). Tuj

aeren ili ĵetis siajn ĉapojn

kvazaŭ al kornopintoj de la luno,

kaj kriis kaj rekriis.

MENENIO   Kion gajnis?

MARTIO   Kvin tribunusojn[2], de ili elektitajn,

por defendi ties stulton. Junio Bruto

unu estas, alia Sicinio.

La reston mi ne konas. Se regus mi,

la greg' malmunti devus tutan Romon

antaŭ ol mi cedus! Tra la tempo

ili povon gajnos – kaj pretekstojn

por plia ribelado.

MENENIO   Tio strangas.

MARTIO [*al la civitanoj*] Hejmen, homfragmentoj!

Envenas Kuriero haste.

KURIERO   Kaio Martio?

---

[2] Nuntempa Esperanto distingas inter «tribuno» (podia pupitro) kaj «tribunuso» unu el dek magistratoj kiuj reprezentis la popolon, la plebon, de la romia respubliko por defendi ties rajtojn kontraŭ la senato kaj la konsuloj. Pli frua Esperanto (ekzemple la traduko de la ŝekspira *Julio Cezaro* de Lambert de 1906) ne faris tiun distingon, uzante la vorton «tribuno» kun ambaŭ signifoj. La latina vorto «tribunus» komence signifis «estro de tribo» kaj nur poste akiris la du signifojn kiun ĝi alproprigis dum la respubliko: tiujn de magistrato kaj, asocie, tiun de la podio kiun utiligis la magistratoj. Fakte, la latina vorto «tribunus» aludis al pluraj diversaj kategorioj de tribunusoj: *tribuni militares* (estroj de armeaj legioj), *tribuni aerarii* (respondeculoj pri militistaj salajroj) kaj *tribuni plebis* (reprezentantoj de la plebo). En la nuna traduko de *Koriolano*, Boulton favoris la klasikan «tribuno» kaj Tonkin tamen emis, sen aparta entuziasmo, cedi al la nuntempa «tribunuso» – kiu do estas uzata nun tra la tuta traduko.

MARTIO	Mi. Kio okazis?
KURIERO	La Volcianoj armas sin, sinjoro.[3]
MARTIO	Mi ĝojas. Tio donas la okazon
	laksi nian rubon. Saluton, moŝtoj!

Envenas Sicinio Veluto, Junio Bruto, Kominio, Tito Lartio kaj aliaj Senatanoj.

1-a SENATANO	Martio, via diro konfirmiĝis:
	la Volcianoj batalpretas.
MARTIO	La ĉefo,
	Tullo Aŭfidio, ja vin testos.
	Peke mi envias lian noblecon
	kaj se mi devus esti ne mi mem,
	nur li mi volus esti.
KOMINIO	Vi interluktis!
MARTIO	Se l' tuta mond' konflikte duoniĝus
	kaj mi en lia duono, mi ribelus
	nur por lin oponi. Jen leono
	inda je ĉasado.
1-a SENATANO	Do, Martio,
	kun Komini' kuniru al milito.
KOMINIO	Tion vi ja promesis.

---

[3] La volcianoj estis itala tribo kiu okupis teritorion sudoriente de Romo. Dum longa tempo la volcianoj kaj la romianoj estis malamikoj, sed la volcianoj fine asimiliĝis kun Romio ekde proksimume la jaro 300 de la antaŭa erao. La unua romia imperiestro, Aŭgusto, devenis el Volcio.

MARTIO   Jes, vi pravas,

kaj mi plenumos. Tito Lartio, vi

denove vidos min kun Aŭfidio

fruntalfrunte. Ĉu vi perdis flekson,

preferus flanke stari?

LARTIO   Ne, Martio!

Per unu apogilo mi min klinus

kaj batus per l' alia, ol resti hejme.

MENENIO   Noble!

1-a SENATANO   Ek al la Kapitol'! Niaj

amikoj nin atendas.

LARTIO [*al Kominio*]   Ekgvidu vi.

[*al Martio*]   Kominion sekvu. Ni laŭvice

laŭ lica ordo venos.

KOMINIO   Nobla Martio!

1-a SENATANO [*al la Civitanoj*]

Hejmen! Foriru!

MARTIO   Ne, lasu ilin sekvi.

La Volcianoj havas multan grenon;

ĉi ratoj iru tien por ĝin ronĝi.

[*al la civitanoj*]   Nu, miaj estimindaj ribeluloj,

vi bele montras vin herooj. Sekvu!

*Eliras Martio, Patricioj kaj Kuriero. La Civitanoj forŝteliras. Restas
Sicinio kaj Bruto.*

SICINIO   Ĉu iam hom' fieris pli ol tiu?

BRUTO   Tiu Martio estas sen egalo.

SICINIO   Kiam ni ekrolis tribunuse…

BRUTO   Vi vidis liajn lipojn kaj okulojn?

SICINIO   Ĉefe liajn mokojn.

BRUTO   Sub provoko
li senhezite mokas eĉ la diojn.

SICINIO   Eĉ la pudoran lunon.[4]

BRUTO   Lin obsedas
la militoj, tiel ke l' fiero
superas la kuraĝon.

SICINIO   Tia sinteno,
pufita de sukceso, malestimas
eĉ la propran ombron je tagmezo.
Mi min demandas ĉu arogo tia
akceptos Kominion generalo.

BRUTO   Famo, kiun li celas, kaj da kio
li multon jam posedas, bone sidas
en loko sub l' unua; ĉar misiroj
al la general' atribuiĝas,
eĉ se superhoma, kaj kritikoj
ekkrios pri Martio, «Se li nur estrus
plibonus la rezultoj!»

SICINIO   Se tiel estos
la bona fam' gluita al Martio
de Komini' forrabos la meritojn.

---

[4]   La luno estas pudora pro sia asociiĝo kun Diana, la romia diino de ĉasto.

BRUTO   Duonon de l' honor' Martio havos

                   eĉ ne gajnitan; kaj ĉiu misa paŝ'

                   de Komini' nur levos la aprobon

                   ĝuatan de Marti' eĉ nemeritan.

SICINIO   Ni iru aŭdi kion oni planas,

                   kaj kiel, krom pri la sinten' persona

                   li sin pretigas al batalo.

BRUTO   Iru.

Ili eliras.

1.2

Envenas Tullo Aŭfidio kun Senatanoj de Koriolo.

1-a SENATANO   Aŭfidio, vi do opinias,
                   ke l' romianoj konas niajn planojn,
                   informojn ricevinte.

AŬFIDIO   Ĉu vi ne?
                   Ĉion elpensitan tie ĉi
                   se al realigo pretigitan
                   Rom' antaŭevitis. Nur kvar tagoj
                   pasis post lasta informiĝ' el Romo.
                   Mi havas ĝin ĉi tie. Jen la vortoj.
                   [*Li legas.*]
                   Ili jam soldatojn rekrutigis,
                   sed ni ne scias, ĉu l' armeo iros
                   al Oriento aŭ al Okcidento.
                   Malsato grandas, ribelemas homoj.
                   Onidire, estas Kominio,
                   Martio, delonga malamiko via
                   (de Rom' pli malamata ol de vi)
                   kaj Tito Lartio, homo tre kuraĝa,

kiuj triope gvidas la preparon,
kien ajn ĝi celas. Kredeble al vi.
Ĝin konsideru.

1-a SENATANO   Nia forto pretas.

Neniam dubis ni, ke baldaŭ Romo
al ni respondos.

AŬFIDIO   Kaj vi kredis saĝa
vualigon de la grandaj planoj, ĝis
la nepra malkaŝado, sed l' elkovo
verŝajne atentigis Romon. Pro tio
ni ne atingos parton de la celo
jam kapti multajn urbojn antaŭ ke
Rom' eksciu.

2-a SENATANO   Aŭfidio nobla,
jen via komisio. Al l' armeo
iru, kaj lasu nin la urbon gardi.
Se ili nin sieĝos, vi pretiĝu
por puŝi ilin for. Tion, mi kredas,
ili ne antaŭvidos.

AŬFIDIO   Ho, ne pridubu;
per certoj mi parolis. Kaj eĉ pli:
parceloj de la forto jam ekiris
kaj celas tien ĉi. Mi nun foriras.
Se ni Martion trafos pro hazardo,
ni ĵuris jam: ni du ne ĉesos lukti
ĝis unu ne plu povos.

ĈIUJ   La Dioj helpu!

AŬFIDIO   Kaj gardu vin, sinjoroj.

1-a SENATANO   Prosperon.

2-a SENATANO   Prosperon.

Ĉiuj eliras.

1.3

Envenas Volumnia kaj Virgilia, patrino kaj edzino de Martio; ili eksidas sur du malaltaj taburetoj kaj kudras.

VOLUMNIA   Mi petas vin, filino, kantu, aŭ esprimu vin iom pli gaje. Se mia filo estus mia edzo, mi pli libere ĝojus pro la foresto, per kiu li gajnas honoron, ol pro la karesoj enlitaj, per kiuj li plej montrus sian amon. Kiam li ankoraŭ korpe estis mola, kaj la sola filo de mia utero; kiam juno kaj belo logis ĉiun rigardon liadirekten; kiam eĉ pro tuttagaj petoj de reĝo, patrino ne dum horo forvendus lin de sia vido; tiam, mi, konsidere kiel honoro taŭgus por tia homo – ke li ne pli bonus ol bildo sur muro, se ne de renomo vivigita – mi volonte permesis al li serĉi danĝeron, kie li kredeble trovos famon. Al kruela milito mi sendis lin, de kie li revenis kun frunto kverke girlandita. Mi certigas al vi, filino, ke mi ne pli ĝoje eksaltis, sciante ke mi naskis virinfanon, ol nun kiam mi unue vidis, ke li pruvis sin plena viro.

VIRGILIA	Sed se li mortus ĉi-afere, sinjorino, kion vi tiam pensus?
VOLUMNIA	Tiam lia bona renomo fariĝus mia filo; tie mi trovus mian idon. Aŭdu min deklari sincere: se mi havus dekduon da filoj, ĉiujn same amatajn, kaj tamen egale amatajn kiel vian kaj mian Martion, mi preferus, ke dek unu mortu noble por la patrujo, ol ke unu volupte trosatiĝu eksterbatale.

Envenas Sinjorino.

SINJORINO	Estimata, la sinjorino Valeria venis vin viziti.
VIRGILIA	Bonvolu min permesi retiriĝi.
VOLUMNIA	Ho ne, ne licas.

De via edz' mi aŭdas la tamburon,
vidas lin hartiri Aŭfidion,
rigardas Volcianojn lin eviti
kiel infanoj urson. Li jene stamfas;
«Antaŭen, vi poltronoj» li ekkrias,
«Naskis vin la timo, eĉ se en Rom'
naskitaj!» Poste per armita mano
li viŝas la sangan frunton, kaj ekmarŝas
kiel taglabora rikoltanto
por ĉion serpi aŭ salajron perdi.

VIRGILIA	La sangan frunton! Ho, ne sangan, Jovo!
VOLUMNIA	Pa, stultulin'! Al vir' pli taŭgas sango

ol or' trofeon. La mamoj de Hekuba
ne plibelis kiam Hektoro suĉis
ol la Hektora frunto sangokraĉa
kontraŭ la grekan glavon.
[*Al Sinjorino*]   Al Valeria
diru, ke ni pretas.

Eliras Sinjorino.

VIRGILIA   Ĉielo ŝirmu
de Aŭfidi' feroca mian karan.

VOLUMNIA   Li batos lian kapon sub genuon
kaj surtretos lian kolon.

Envenas Valeria kun Pedelo kaj Sinjorino.

VALERIA   Al vi ambaŭ, bonan tagon, sinjorinoj.

VOLUMNIA   Sinjorino kara!

VIRGILIA   Mi ĝojas vidi vin, moŝtino.

VALERIA   Kiel vi ambaŭ fartas? Vi estas bravaj dom-
mastrinoj. [*Al Volumnia*] Kion vi tie kudras?
Bela desegno, vere. [*Al Virgilia*] Kiel fartas la
fileto?

VIRGILIA   Dankon, sinjorino; bone fartas.

VOLUMNIA   Li preferus vidi la glavojn kaj aŭdi la tamburon
ol rigardi sian instruiston.

VALERIA   Filo de sia patro, klare. Mi ĵuras, ke temas pri
bela knabo. Merkredon mi lin rigardis dum
plena duonhoro. Tiel firma la mieno! Mi vidis

lin ĉasi oran papilion, kaj kiam li kaptis ĝin,
lasi ĝin foriri kaj ree ĉasi; kaj jen li stumblis
transkape, kaj resaltis, kaj kaptis ĝin denove.
Ĉu pro la falo li koleris, ĉu pro io alia, li ĉiu-
okaze kunpremis la dentojn kaj ĝin disŝiris. Ho,
dioj, tiel sovaĝe!

VOLUMNIA   Humoro de la patro.

VALERIA   Nobla infano, entute.

VIRGILIA   Koboldeto, sinjorino.

VALERIA   Flankenmetu vian kudraĵon, vi ludu kun mi la
               pigran dommastrinon ĉi-posttagmeze.

VIRGILIA   Ne, kara sinjorino. Mi ne eliros.

VALERIA   Ne eliros?

VOLUMNIA   Tamen jes, tamen jes.

VIRGILIA   Sed ne. Indulgu min. Mi ne transpaŝos la
               sojlon ĝis revenos mia edzo el la milito.

VOLUMNIA   Ve! Vi enŝlosas vin tute sensence. Venu viziti la
               bonan damon kiu baldaŭ akuŝos.

VIRGILIA   Mi deziros al ŝi rapidan forton kaj ŝin vizitos
               per la preĝoj, sed mi ne povas tien iri.

VOLUMNIA   Sed kial? Mi petas.

VIRGILIA   Ne por ŝpari laboron, nek pro manko de amo.

VALERIA   Vi preferus fariĝi nova Penelopa[5]. Sed oni
               diras, ke la lano kiun ŝi ŝpinis dum foresto de

---

[5] En la *Odiseado* de la greka poeto Homero, Penelopa, edzino de Uliso reĝo
de Itako, restis ĉasta dum foresto kaj eventuala perdiĝo de la edzo, malgraŭ
abundaj aspirantoj. Ŝi defendis sin per tio, ke ŝi ĉiunokte sekrete malnodis
nefinitan teksaĵon kiun ŝi dumtage teksis. Al la aspirantoj ŝi klarigis, ke ĝis ŝi
finos la teksaĵon ŝi ne konsideros iliajn proponojn.

	Uliso nur plenigis Itakon per tineoj. Se via tolo tiel sentemus kiel via fingro, vi eble ĉesus piki ĝin pro kompato. Ek, vi venos kun ni.
VIRGILIA	Ne, kara sinjorino. Min pardonu. Mi tamen ne eliros.
VALERIA	Sincere: venu. Dume mi rakontos belajn novaĵojn pri via edzo.
VIRGILIA	Sed, kara sinjorino, ne povus esti jam novaĵoj.
VALERIA	Vere, mi ne ŝercas. Venis novaĵoj hieraŭ nokte.
VIRGILIA	Ĉu vere, sinjorino?
VALERIA	Jes, tute honeste: mi aŭdis Senatanon kiu diris jene: la Volcianoj elsendis armeon, kontraŭ kiu la generalo Kominio iris kun unu parto de la Romia forto. Via estro, kun Tito Lartio, nun sidas antaŭ ilia urbo Koriolo. Ili ne dubas supervenki kaj igi la militon mallonga. Mi ĵuras, ke tio veras. Kaj sekve, mi petas, venu kun ni.
VIRGILIA	Indulgu min, kara sinjorino; poste mi obeos vin pri ĉio.
VOLUMNIA	[*Al Valeria*] Lasu ŝin, kara, tiel resti; ŝi nur venenos nian amuziĝon.
VALERIA	Vere, mi tion kredas. [*Al Valeria*] Do, ĝis revido. [*Al Volumnia*] Venu, mia dolĉa sinjorino. Mi petas, Virgilia, eldomigu la seriozon kaj ekvenu kun ni.
VIRGILIA	Per unu vorto, ne, sinjorino. Vere mi ne rajtas. Mi deziras al vi bonan amuzon.
VALERIA	Ĝis revido, do.

Ĉiuj eliras.

1.4

Envenas Martio, Tito Lartio, kun Tamburisto, Trumpetisto, kaj Standard-portisto, kaj kun kapitanoj kaj soldatoj, antaŭ la urbo Koriolo; venas al ili Kuriero.

MARTIO	Jen novaĵoj. Vete, ke ili ekluktis.
LARTIO	Mia ĉevalo kontraŭ via.
MARTIO	Konsente.
[*al la Kuriero*]	Ĉu nia generalo ekbatalis?
KURIERO	Vidis sed ankoraŭ ne atakis.
LARTIO	Al mi la ĉeval'.
MARTIO	Mi ĝin reaĉetos.
LARTIO	Ne vendos nek aĉetos. Pruntos eble,
	je kvindekjara luo.
[*al Trumpetisto*]	Voku la urbon.
	Kiomdistance staras la armeoj?
KURIERO	Ne pli ol mejlon kaj duonon for.
MARTIO	Ni aŭdos la alarmojn; ili, niajn.
	Je Marso, rapide ni laboru tiel,
	ke ni kun ruĝaj glavoj plue marŝu
	por helpi la amikojn jam luktantajn.
[*al la Trumpetisto*] Ekblovu!	[*Oni vokas al interparolo.*]

Du Senatanoj, kun aliaj, aperas sur la muro de Koriolo.

MARTIO	[*al la Senatanoj*] Ĉu tie estas Tullo Aŭfidio?

1-a SENATANO   Ne, nek iu kiu timas vin pli multe –
                kaj ĉi plimulto nulas.   [*Tamburo sonas fore.*]
                                   Tamburoj niaj
                vokas la junularon. Murojn ni rompos
                ol lasos vin trabati. Niajn pordojn,
                ŝajne fermajn, ni riglis nur per kanoj:[6]
                ili sin mem malfermos.   [*Alarmo fore.*]
                                   Aŭdu, distance.
                Jen Aŭfidio. Aŭdu lin labori
                fendante vian forton.
                [*La volcianoj foriras de la muro.*]
MARTIO   Ili komencis!
LARTIO   La bruo instrukciu! Eskaloj pretu!

Envenas la armeo de la volcianoj.

MARTIO   Sentime ili svarmas el la urbo.
                Ŝildojn metu antaŭ viajn korojn
                kaj eĉ pli ŝtalaj tiujn korojn faru.
                Antaŭen, brava Tito, al batalo!   [*Lartio eliras.*]
                Pli ol ni kredis, ili nin subtaksas.
                Mi ŝvitas pro kolero; kamaradoj,
                antaŭen. Kiu retretos, lin mi traktos
                volcia: li sentos mian klingon.

---

[6]   La Senatanoj minacas la romianojn deklarante, ke la civitanoj de Koriolo
mem malfermos la pordegojn de la urbo por povi eliri kaj detrui la romian
armeon. Tiu armeo nun sidas inter la volcia armeo kiu almarŝas la urbon kaj la
civitanoj de la volcia urbo Koriolo.

Alarmo. La romianoj estas retropuŝitaj al siaj trançeoj.

Martio revenas sakrante.

MARTIO   Ĉiu kontaĝo de la Sud' vin trafu,
           hontoj de Rom', brutaro. Lepro kaj pesto
           vin kovru, vin igu odoraĉaj
           ankoraŭ ne viditaj. Vi vin infektu
           kontraŭ la vento kaj eĉ mejlon for.
           Animojn de anseroj vi posedas
           en homa form'. Forkuris vi de sklavoj
           kiujn eĉ makakoj venkus. Je Plutono!
           Ruĝe vunditaj dorse, vizaĝe palaj
           pro fuĝo kaj timtremo. Pentu kaj sturmu!
           Aŭ, je l' ĉielo mi lasos oponantojn
           kaj batalos kontraŭ vi. Zorgu! Ataku!
           Se vi firmos, ni batos ilin edzinen
           kiel nin al la trançeoj. Sekvu!

Plia alarmo sonas kaj Martio sekvas la volcian armeon tra la malfermaj urbopordoj.

           Malfermaj la pordegoj! Min subtenu!
           Fortun' larĝigas ilin por sekvantoj
           ne por forkurantoj! Sekvu min!

La volcia armeo retiriĝas tra la pordegoj kaj Martio sekvas.

1-a SOLDATO	Tro riske; ne por mi
2-a SOLDATO	Nek mi.
1-a SOLDATO	Vidu: ili lin enfermis.
ĈIUJ	En kaldronon, eksterdube.

Envenas Tito Lartio.

LARTIO	Kio okazis al Martio?
ĈIUJ	Morta, certe.
1-a SOLDATO	Fuĝantojn sekvis li ĉe la kalkanoj.
	Kun ili li eniris; tuj la pordojn
	ili batfermis. Kaj nun li estas sola
	por fronti tutan urbon.
LARTIO	Ho, bravulo!
	Li, plensenta, pli glavas eĉ ol glavo:
	senkurbas tie kie glav' sensenta
	mem kurbiĝus! Perdiĝis vi, Martio.
	Eĉ karbunkolo granda kiel vi
	ne estus tia juvelo. Soldat' kompleta,
	ne nur feroce frapa: minacoplena
	ankaŭ laŭ rigard'; kaj viaj kriegoj
	tondre perkutaj oponantojn skuis
	kvazaŭ la mondo febris kaj tremadis.

Envenas Martio sanganta pro atako de la malamiko.

1-a SOLDATO	Vidu, sinjoro.

LARTIO   Jen Martio venas!
                Ni savu lin aŭ ni pereu kune.

Ili batalas kaj ĉiuj eniras la urbon.

1.5

Envenas iuj romianoj kun predaĵoj.

1-a ROMIANO   Tion mi portos al Romo.
2-a ROMIANO   Kaj mi ĉi tion.
3-a ROMIANO   Peston! Mi supozis tion arĝento.   [*Ili eliras.*]

Alarmo malproksima daŭras.

Envenas Martio kaj Tito Lartio kun Trumpetisto.

MARTIO   Vidu ĉi kunskrapantojn kiuj taksas
              la proprajn horojn laŭ fendita drakmo.
              Kusenojn, kulerojn, feraĵojn senvalorajn,
              jakojn taŭgajn nur por enterigi
              pendigiton ili jam enpakas
              antaŭ batalofino. Sklavoj ĉiuj!
              Aŭdu la alarmon. Aŭfidio,
              hanto de mia animo, jen pritranĉas
              romianojn. Brava Tito, iru
              kun taŭga trup' la urbon sekurigi,
              dum iros mi, kun animfortaj kelkaj,
              por helpi Kominion.

LARTIO   Sinjor', vi sangas:
L' ekzerco via jam tro violentis
por dua bataliro.

MARTIO   Ne min laŭdu.
Laboro mia apenaŭ min varmigis.
Ĝis la revid'. Mi sangas pli kurace
ol iel ajn danĝere. Aŭfidion
mi iros tiel fronti.

LARTIO   Diin' Fortuno
ekamu vin profunde; ŝiaj sorĉoj
misgvidu glavojn de la oponantoj.
Prospero vin paĝiu.

MARTIO   Kaj vin ekzaltu
pli alten ol plej altaj. Ĝis revido.

LARTIO   Plej nobla Martio!   [*Martio eliras.*]

[*al Trumpetisto*]   Trumpeton blovu en la vendoplaco.
Alvoku la instancojn de la urbo,
ke ili sciu niajn planojn. Iru!

Ĉiuj eliras.

1.6

Envenas Kominio, kvazaŭ retiriĝe, kun soldatoj.

KOMINIO   Spiru, amikoj. Romane ni batalis –
                   nek stulte en rezist', nek sen kuraĝ'
                   retrete. Konsciu, tamen: venos reatako.
                   Dum ni batalis, ni ventoblove aŭdis
                   sturmojn de niaj trupoj. Romaj dioj
                   gvidu ilin same kiel nin,
                   ke ambaŭ fortoj ride rekuniĝu,
                   por oferi niajn dankojn.

Envenas Kuriero.

                                            Novaĵojn?
KURIERO   El Koriolo la urbanoj venis
                   atake al Lartio kaj Martio.
                   Mi vidis ilin peli niajn fortojn
                   reen al tranĉeoj, je kiu punkto
                   mi ĉi tien venis por raporti.
KOMINIO   Veron vi parolas, sed bonon ne.
                   Antaŭ kiom da tempo?

KURIERO   Almenaŭ horo.

KOMINIO   Nur mejlon for ni aŭdis la tamburojn.

Kiel vi uzis horon por alveni
tiel malfrue?

KURIERO   Spionoj volcianaj
min ĉasadis. Tri-kvar mejlojn foren
mi devis ĉirkaŭiri. Aliokaze
mi antaŭ duonhoro jam raportus.

Envenas Martio.

KOMINIO   Kiu venas kvazaŭ senhaŭtigita?
Bonaj dioj! La marko de Martio.
Tia mi jam lin vidis.

MARTIO   Ĉu tro malfrua?

KOMINIO   Paŝtisto ne distingas tondron disde
tamburo ol mi la voĉon de Martio
konas el malpli indaj.

MARTIO   Ĉu tro malfrua?

KOMINIO   Jes, se vin ne kovras fremda sango
sed propra.

MARTIO   Ho, mi vin ĉirkaŭbraku
per brakoj firmaj kiel dum svatado,
kun koro gaja kiel dum nupta nokto
kandeloj lumas liten. [*Ili ĉirkaŭbrakas.*]

KOMINIO   Floro soldata!
Kiel prosperas nun Tito Lartio?

MARTIO   Li estas okupata pri dekretoj,

                 verdiktas mortopunon aŭ ekzilon,

                 kompate liberigas, aŭ minacas,

                 kaj nome de Romo Koriolon tenas

                 kiel ĉashundon ŝnure alligitan

                 humile servopretan.

KOMINIO   Kie la sklavo

                 kiu diris, ke vi estis repuŝita?

                 Kie li? Alvoku lin.

MARTIO   Lin lasu;

                 li diris veron. Fortis la patricioj,

                 sed la plebanoj – peston al tribunusoj! –

                 kiel musoj antaŭ kato tuj forfuĝis

                 por eviti pli kanajlajn malamikojn.

KOMINIO   Kiel vi venkis?

MARTIO   Por diri mankas tempo.

                 Kie la malamiko? Ĉu via la batalkampo?

                 Se ne, ne ĉesu ĝis la plena venko.

KOMINIO   Malavantaĝe ni batalis, kaj do

                 retretis por la celon fine gajni.

MARTIO   Kiel ili sin aranĝis, kie lokis

                 la plej fidindajn trupojn?

KOMINIO   Mi konjektas

                 ke venas avangarde l' Antianoj

                 plej fidindaj. Aŭfidio estras –

                 ilia esperokoro.

MARTIO   Mi vin petas

je ĉiuj bataloj kiujn ni kunluktis,

je l' sango kiun ni elverŝis kune,

je l' ĵuroj amikecaj kiujn ni faris,

ke vi min loku kontraŭ Aŭfidio

kaj ties Antianoj, kaj senpaŭze

per glavoj kaj per sagoj ni plenigu

la horon kaj l' aeron batalteste.

KOMINIO   Kvankam prefere oni vin konduku

al bano milda, kaj pansu viajn vundojn,

mi ne kuraĝus nei vian peton.

Elektu tiujn kiuj plej bone helpos.

MARTIO   Plej bone helpos tiuj kiuj pretos.

[*al Soldatoj*]   Se inter vi troviĝas tiaj homoj

(mi pekus se mi dubus), kiuj amas

la ruĝan ŝminkon kiu ŝmiras min;

se iu timas honton pli ol vundojn,

kaj fian vivon pli ol noblan morton,

se la patrujo pli ol li mem karas,

tiu sola, aŭ tiuj same pensaj,

svingu jene [*svingante sian glavon*] por tiel vin deklari

kaj sekvu vi Martion.

Ili ĉiuj krias kaj svingas siajn glavojn, prenas Martion supren en siajn brakojn kaj ĵetas siajn ĉapojn ĉielen.

Ĉu sole mi? Mi estu via glavo?

Se vi ne ŝajnigas, ĉiu el vi

al kvaro da volcianoj samvaloras.

Ĉiu el vi kontraŭ Aŭfidio

kapablus porti ŝildon same duran

ol estas lia. El ĉiuj inter vi

mi danke nun selektu certan nombron.

Aliajn ni engaĝu alifronte

laŭ la bezono nova. [*al Kominio*] Ni ekmarŝu

kaj mi rapide skizos mian planon

plej taŭgajn homojn dume selektante.

KOMINIO   Ekmarŝu do, soldatoj; kaj plenumu

vian aspekton. Poste vi dividos

kun ni la bonan famon.

Ĉiuj eliras.

1.7

Tito Lartio, ordoninte gardostaron ĉe Koriolo, irante kun Tamburisto kaj Trumpetisto al Kominio kaj Kaio Martio, envenas kun Leŭtenanto, aliaj Soldatoj, kaj Skolto.

LARTIO	Gardu la pordojn. Sekvu la ordonojn
	kiel mi ilin skribis. Se mi vokos,
	sendu tiujn centojn por nin helpi;
	la aliaj gardos. Se ni ne prosperos,
	la urbo falos.
LEŬTENANTO	Ne timu: ni atentos.
LARTIO	Ek! Kaj fermu tuj la pordojn.
[*Al la Skolto*]	Skolto, nin gvidu al la Romiaj tendoj.

Ĉiuj eliras.

1.8

Alarmo, kiel en batalo. Envenas Martio kaj Aŭfidio el malsamaj pordoj.

MARTIO   Mi luktos nur kun vi: mi vin malamas
               pli ol fidoperfidanton.

AŬFIDIO   Ni samas.
               Al mi pli naŭza ol serpent' afrika
               restas via famo enviita.
               Staru.

MARTIO   Kiu forpaŝos mortos sklavo
               poste kondamnita de la dioj.

AŬFIDIO   Se tiel, postkriu min kiel leporon.

MARTIO   Dum ĉi tri horoj, Tullo, mi tutsola
               batalis inter Koriolaj muroj.
               Senbare mi laboris. Ne sango mia
               mian vizaĝon maskas. Je via venĝo
               plenstreĉu vian povon!

AŬFIDIO   Se vi estus
               Hektoro[7] mem, kiu vipis viajn praulojn,
               neniel vi eskapos.

---

[7]   En *Iliado* de la greka poeto Homero, Hektoro estas la heroa filo de Priamo,
reĝo de Trojo, kiun la greka Aĥilo mortigas.

Ili interbatalas kaj kelkaj volcianoj venas por helpi Aŭfidion.

> Oficaj sed ne bravaj, vi min hontigis
> per tia asisto truda.

Martio batalas ĝis ili estas forpelitaj senspiraj. Ĉiuj eliras.

1.9

Alarmo. Oni signalas retiriĝon. Sonas trumpetoj. Per unu pordo envenas
Kominio kun romianoj, per alia pordo Martio, kun brako skarpe
subtenata.

KOMINIO   Se mi rakontus vian taglaboron,
                   la farojn vi ne kredus. Mi ĝin raportos
                   kie la senatanoj larmos, ridos,
                   kaj gravaj patricioj treme aŭdos
                   kaj fine laŭdos; kie la sinjorinoj,
                   ĝoje timaj, pli da detaloj petos;
                   kie tribunusoj, plebanoj ŝimaj
                   kontraŭ korinklinoj diojn dankos,
                   ke Romo tamen tian soldaton havas.
                   Sed al postmanĝo de la fest' vi venis
                   jam tute satmanĝinte.[8]

Envenas Tito Lartio kun siaj soldatoj, forĉasinte la malamikon.

––––––––––––

[8]   La sukcesa transpreno de la urbo estas al Martio nur postmanĝo: li jam
batalis kaj venkis sur la apudurba batalkampo.

LARTIO   Generalo,
jen la ĉeval'; ni estis nur la selo.
Ho, se vi vidus…

MARTIO   Ne plu parolu.
Mia patrino, rajta pro sia sango,
kiam ŝi min laŭdas, min torturas.
Same kiel vi, mi faris mian povon,
kaj sammotive, pro la patrolando.
Kiu nur plenumis sian volon
faris pli ol mi.

KOMINIO   Ne estu vi la tombo
de viaj meritoj. Romo nepre konu
sian valoraĵon. Estus forkaŝo
ol ŝtelo pli malbona, kaj perfido,
ne montri viajn farojn aŭ silenti
pri tio al kio eĉ plej altaj laŭdoj
ŝajnus modestaj. Tial mi vin petas
– por montri kiu vi estas, ne por repagi
viajn atingojn – antaŭ l' arme' min aŭdi.

MARTIO   Mi vundojn havas; ili ekdoloros
pro la mencio.

KOMINIO   Se ne estus tiel,
ili sepsiĝus pro la maldankemo,
kaj pansus sin per morto. El la ĉevaloj
kaj la predaĵoj tie ĉi kaptitaj,
el la trezor' ĉi-kampe kaj ĉi-urbe,
dekonon ni al vi asignas, kion

antaŭ la ĝenerala distribuo
vi mem elektu.

MARTIO   Dankon, generalo.
Sed mia koro ne permesas pagon
kontraŭ la glavo. Mi ĝin rifuzas,
kaj petos saman pagon kiel soldato
same atestanta la atingojn.

Longa trumpetado. Ĉiuj krias «Martio, Martio», ĵetante supren siajn
ĉapojn kaj lancojn. Kominio kaj Lartio staras nudkapaj.

La muzikiloj, kiujn vi profanas,
ne sonu plu. Tiam kiam trumpetoj
kaj tamburoj batalkampon flatas,
urboj kaj kortegoj poste montras
karesojn hipokritajn. Se ŝtalo molas
kiel la silk' de urbaj parazitoj,
tiuj aplaŭdu la militojn. Sufiĉas![9]
Ĉar mi ne lavis la sangantan nazon
nek venkis mizerulon – kion faris
multaj aliaj – vi min aklamas
hiperbole, kvazaŭ mi preferus

---

[9]   Se oni iom flatas soldatojn sur la batalkampo, per muziko kaj festado,
tio kondukas al superfluo de flatado kiu plene koruptas la urban vivon kaj
malfortigas la disciplinon de la soldatoj.

ke nutru mian joton belaj laŭdoj
spicitaj per mensogoj.

KOMINIO   Vi tro modestas!

Vi pli kruelas kontraŭ via famo
ol dankas nin, sincerajn famigantojn.
Se pri vi mem vi estas nun kolera,
ni ĉenos vin, kvazaŭ sinvundanton,
por kun vi rezonadi en sekuro.
Ni kaj la tuta mondo sciu, ke Martio
portas la girlandon de l' milito.
Kaj por tion signi, mian ĉevalon,
en la tendar' konatan, al li mi donas
kun ties ekipaĵo, kaj ekde nun,
pro liaj grandaj faroj en Koriolo
ni lin titolos, kun plena aklamado,
Martio Kaio Koriolano!
Portu tiun aldonon ĉiam noble!

Fanfaro. Sonas trumpetoj kaj tamburoj.

ĈIUJ   Martio Kaio Koriolano!

KORIOLANO   Mi min lavos,

kaj kiam la vangoj estas puraj, tiam
vi vidos ĉu ruĝiĝas mi aŭ ne.
Tamen, mi dankas vin.

    [*al Kominio*]   Mi ĝoje rajdos

tiun ĉevalon vian, kaj ĉiam penos

        subteni la honoron de l' titolo
        laŭ lim' de miaj ebloj.

KOMINIO   Do, al tendo,
        kie, antaŭ ol dormi, al Rom' ni skribos
        raporte pri la venko. Tito Lartio,
        reiru al Koriolo; al Romo sendu
        plej taŭgajn civitanojn kun kiuj negoci
        por ties kaj nia bono.

LARTIO   Mi tion faros.

KORIOLANO   La Dioj min ekmokas. Generalo,
        mi, kiu ĵus rifuzis ĉiujn donacojn,
        devas al vi direkti almozpeton.

KOMINIO   Jam estas via. Kion vi deziras?

KORIOLANO   Iam mi loĝis tie en Koriolo
        en dom' de malriĉulo; li min traktis
        simpatie. Al mi li helpokriis;
        mi vidis lin kaptita. Sed kolero
        sufokis la kompaton: Aŭfidion
        mi skoltis tiutempe. Sed nun mi petas
        liberon por la povra gastiginto.

KOMINIO   Bela peto. Se estus li buĉinto
        de mia filo, li kiel ventoblovo
        liberon havus. Lin liberigu, Tito.

LARTIO   Nomon mi petas.

KORIOLANO   Damne! Forgesita.
        Mi lacas, kaj laciĝas la memoro.
        Ĉu vino mankas?

KOMINIO   Ni iru al nia tendo.

Sur via frunt' la sango nun sekiĝas.

Flegadon vi bezonas. Venu.

Ili eliras. Sonas kornetoj.

1.10

Envenas Tullo Aŭfidio, sangokovrita, kun du-tri soldatoj.

AŬFIDIO   La urbo falis.

1-a SOLDATO   Ĝi liberiĝos laŭ kondiĉoj bonaj.

AŬFIDIO   Kondiĉoj?
                 Romiano mi dezirus esti:
                 esti volciano ne sufiĉas.
                 En traktato, kia kondiĉ' favora
                 eblas por la venkito? Kvinon da fojoj,
                 Martio, mi kun vi batalis. Kvinfoje
                 vi min venkis, kaj plue tion farus
                 eĉ se ni ĉiun manĝohoron luktus.
                 Se iam estontece, barbalbarbe,
                 ni kunos, li estos mia aŭ mi lia.
                 Envio mia ne estas nun honora
                 kiel antaŭe. Mi volis venki lin
                 per fort' egala, glavon kontraŭ glavo.
                 Nun, truko ja sufiĉus, aŭ kolero.

1-a SOLDATO   Li diablo estas.

AŬFIDIO   Pli kuraĝa,
                 sed malpli ruza. Mia bona famo

suferas pro l' makul' de liaj venkoj,

sed lia fam' ekflugas per si mem.

Nek dormo, nek protekto, malsano, nudo,

templo aŭ kapitolo, preĝoj, oferoj –

obstakloj al furiozo – plue levos

siajn putrajn leĝojn aŭ kutimojn

kontraŭ mia malamo al Martio.

Kie mi trovos lin – eĉ sub la zorg'

de mia frato, mi, eĉ al mor' ofende,

lavus en lia koro miajn manojn.

Al la urbo iru. Tie informiĝu

pri ties okupo kaj pri la konsisto

de l' ostaĝar' de Romo.

1-a SOLDATO	Vi ne iros?
AŬFIDIO	Oni min atendas ĉe l' cipresoj

sude de la urbaj muelejoj.

Tie raportu kiel la mondo iras,

samrapide kiel mi sprone rajdos.

1-a SOLDATO	Mi faros.

Ili eliras.

Akto dua

2. 1

Envenas Menenio kun la du tribunusoj, Sicinio kaj Bruto.

MENENIO   Diras la Aŭguristo, ke ĉi-nokte ni ricevos
               novaĵojn.

BRUTO   Bonajn aŭ malbonajn?

MENENIO   Ne akorde kun la preĝoj de la popolo, ĉar ili ne
               amas Martion.

SICINIO   La naturo instruas al bestoj kiel koni siajn
               amikojn.

MENENIO   Diru. Kiun amas la lupo?

SICINIO   La ŝafidon.

MENENIO   Jes, por lin vori, kiel la malsataj plebanoj farus
               al la nobla Martio.

BRUTO   Vera ŝafido tiu estas, kiu blekas kiel urso...

MENENIO   Vera urso tiu estas, kiu vivas kiel ŝafido. Vi du
               estas maljunuloj; diru al mi unu aferon.

SICINIO kaj BRUTO Nome?

MENENIO   Kiu malvirto mankas al Martio kiun vi ne
               havas abunde?

BRUTO	Neniu malvirto mankas al li: pri ĉiuj li riĉas.
SICINIO	Precipe fiero.
BRUTO	Kaj, plej supere, fanfaronado.
MENENIO	Jen strangaĵo. Ĉu vi du scias pro kio vi mem estas kritikataj en la urbo – almenaŭ de ni ĉe la dekstro? Ĉu?[10]

SICINIO kaj BRUTO Pro kio? Kiel oni nin kritikas?

MENENIO	Vi parolas pri fiero. Ĉu vi ne nun koleros?

SICINIO kaj BRUTO Kio, sinjoro, kio?

MENENIO	Nu, ne gravas. Eĉ tiu eta ŝtelanto Okazo for-rabos vian paciencon. Faligu la rimenojn de viaj temperamentoj kaj koleru laŭ via plaĉo – almenaŭ se tie vi trovas plezuron. Vi mallaŭdas Martion pro fiero.
BRUTO	Ni ne tion faras solaj, sinjoro.
MENENIO	Mi scias, ke vi kapablas malmulton fari solaj: vi havas multajn helpantojn. Se estus alie, viaj agoj fariĝus mirinde feblaj – viaj kapabloj tro infanecas por multon fari solaj. Vi pri fiero parolas. Se nur vi povus turni viajn okulojn al viaj nukoj kaj fari internan superrigardon de viaj admirindaj memoj! Ho, ke vi povu!

SICINIO kaj BRUTO Kio sekvus, sinjoro?

---

[10] Oni konsideris dekstron la plej prestiĝa pozicio en la batala linio. La nocio de dekstraj kaj maldekstraj partioj en la moderna politika senco aperas nur en la deknaŭa jarcento.

MENENIO   Tiam vi trovus paron da senmeritaj, orgojlaj,
           violentaj, koleremaj konsilianoj (alinome stult-
           uloj) ol kiu ajn en Romo.

SICINIO   Menenio, ankaŭ vin oni bone konas.

MENENIO   Mi estas konata kiel multhumora patricio,
           kiu ŝatas pokalon da varma vino, sen eĉ unu
           guto da diluanta Tibero ene; laŭdire iom ne-
           perfekta en tio, ke mi emas favori kortume la
           unuan pledanton, hasta kaj flagrema je tro
           malgrava motivo; homo kiu konversacias pli
           ofte kun la postaĵo de la nokto ol la frunto de la
           mateno. Kion mi pensas, mi diras, elspezante
           mian malicon per mia spiro. Renkontante du
           bonfarulojn kiel vi (mi ne nomus vin Likurgoj[11]),
           se la trinkaĵo kiun vi donas al mi tuŝas mian
           palaton malfavore, mi grimacas. Mi ne povas
           aserti, moŝtoj, ke vi bone prezentis aferon kiam
           mi trovas la azenon alianca kun la plejparto de
           viaj silaboj. Kaj kvankam mi kontentu toleri
           tiujn kiuj diras, ke vi estas estimindaj seriozuloj,
           tamen mortige mensogas tiuj, kiuj diras, ke vi
           havas belajn vizaĝojn. Se vi ĉion ĉi vidas en
           la mapo de mia mikrokosmo, ĉu ankaŭ sekvas,

---

[11]   Likurgo estis juristo kiu kreis la leĝaron de la helena urba ŝtato Sparto, laŭ
kiu la diversaj sociaj klasoj restis en ekvilibro, garantiante stabilecon – do precize
tio kio mankis en Romo.

ke mi estas bone konata? Kiun malbonon viaj mukoplenaj spektiloj povus trovi en tiu ĉi prezento, se vi bone konus min?

BRUTO   Tamen, sinjoro, ni ja bone konas vin.

MENENIO   Vi konas nek min, nek vin, nek ion ajn. Vi ambicias al la ĉapolevoj kaj krurofleksoj de mizeruloj. Vi eluzas tute bonan matenon por aŭskulti disputon inter vendistino de oranĝoj kaj vendisto de kranoj kaj poste prokrastas tiun tripencan malkonsenton al dua tago de aŭdienco. Kiam vi aŭskultas interpartian aferon, se hazarde pinĉas vin koliko, vi grimacas kiel histrionoj, starigas sangan standardon kontraŭ ĉiu pacienco, kaj, kriante por pispoto, abandonas la kazon nekuracitaj, fakte des pli misnoditaj pro via aŭdienco.La sumo de la paco de vi farita estas nomi ambaŭ partiojn friponoj. Vi ja estas paro da stranguloj.

BRUTO   Nu, nu, oni bone scias, ke vi estas pli perfekta ĉetabla mokanto ol vi estas nehavebla leĝ-faranto en la Kapitolo.

MENENIO   Eĉ niaj pastroj devas fariĝi mokantoj se ili renkontas tiel ridindajn objektojn kiel vi estas. Vere, kiam vi plej bone traktas iun demandon, viaj paroloj ne valoras la svingon tien-reen de viaj barboj, kaj viaj barboj ne meritas tiel honorindan tombon kiel la remburon de flikita kuseno aŭ la selon de azeno. Tamen vi insistas, ke Martio trofieras – homo kiu, eĉ subtakse, pli valoras ol ĉiuj viaj antaŭuloj ekde Deŭkaliono[12], eĉ se inter la plej bonaj troviĝis heredaj pendigistoj. Bonan tagon al viaj moŝtoj. Infektus mian cerbon pli longa konversacio kun vi, bovgardistoj de la bestaj plebanoj. Mi aŭdacas ĝisrevidi vin.

Bruto kaj Sicinio flankeniras. Envenas Volumnia, Virgilia kaj Valeria.

Saluton, miaj egale belaj kiel noblaj sinjorinoj – la luno, se surtera, ne pli noblus – kien tiel rapide vi sekvas viajn okulojn?

VOLUMNIA   Honorinda Menenio, mia knabo Martio alvenas. Je Junono[13], ni rapidu.

MENENIO   Ho, Martio hejmenvenas?

VOLUMNIA   Jes, inda Menenio, kaj kun aprobo prospera.

MENENIO   [*ĵetante sian ĉapon aeren*] Prenu mian ĉapon, Jupitero – kaj dankojn. Martio hejmenvenas!

VIRGILIA kaj VALERIA Jes, vere.

VOLUMNIA   Vidu, jen letero de li. La ŝtato havas alian, lia

---

[12]   Laŭ la grekoj, Deŭkaliono estis filo de Prometeo, kiu ŝtelis fajron de la dioj. Deŭkaliono, kvazaŭ paralelulo de la biblia Noa, travivis tutmondan inundon, kiu detruis ĉiujn aliajn homojn, escepte de li kaj la edzino Klimena, kiuj transvivis pro sia pieco.

[13]   Junono estis la romia diino de la ĉielo, edzino de Jupitero (Jovo), la ĉefo de la dioj.

edzino alian; kaj mi kredas, ke unu atendas vin hejme.

MENENIO Mi skuigos mian tutan domon ĉi-nokte. Kaj letero por mi?

VIRGILIA Jes, certe estas letero por vi. Mi ĝin vidis.

MENENIO Letero por mi? Ĝi donacos al mi sep jarojn da sana vivo, dum kiuj jaroj mi grimacos al la kuracisto. La plej saniga preskribo de Galeno[14] estus ĉarlatana fronte al tiu ĉi konservilo, nek pli bona ol ĉevalodozo. Ĉu li vundiĝis? Li kutimas reveni vundita.

VIRGILIA Ne, ne, ne!

VOLUMNIA Tamen vundita – kaj mi dankas la diojn pro tio.

MENENIO Ankaŭ mi, se ne estas tro. Se en la poŝo li alportas venkon, la vundoj plibeligas.

VOLUMNIA Plibeligas lian frunton. Jam la trian fojon, Menenio, li revenas hejmen kun la kverka girlando.

MENENIO Ĉu li firme disciplinis Aŭfidion?

VOLUMNIA Tito Lartio skribas, ke ili interbatalis, sed Aŭfidio eskapis.

MENENIO Kaj ĝustatempe; pri tio mi certas. Se li restus ĉe li, mi ne volus Aŭfidii eĉ se vi proponus ĉiujn kestojn en Koriolo kun la oro ene. Ĉu la Senato estas informita pri ĉio ĉi?

---

[14] Apud Hipokrato, Galeno estis la plej fama kuracisto de la klasika epoko.

VOLUMNIA	Karaj sinjorinoj, ni iru. Jes, jes, jes. La Senato ricevis leterojn de la generalo, en kiuj li donas al mia filo la tutan renomon de la milito. En tiu ĉi batalo li duoble superis ĉiujn siajn antaŭajn farojn.
VALERIA	Vere, oni mirindaĵojn rakontas pri li.
MENENIO	Mirindaĵojn! Sendube, plenkoste aĉetitajn.
VIRGILIA	La dioj agnosku ilin veraj.
VOLUMNIA	Veraj? Pa, pa!
MENENIO	Veraj? Mi pretas ĵuri, ke ili veras. Kie la vundoj? [*al la Tribunusoj*] Dio benu viajn moŝtojn. Martio revenas. Li havas pliajn kialojn por fieri. [*al Volumnia*] Kie la vundoj?
VOLUMNIA	La ŝultro kaj la maldekstra brako. Estos grandaj cikatroj por montri al la popolo kiam li staros kiel kandidato. Li ricevis en la forpelo de Tarkvinio[15] sep vundojn en la korpo.
MENENIO	Unu kole kaj du femure – mi scias pri naŭ entute.
VOLUMNIA	Li havis sur si, antaŭ la ĵusa ekspedicio, dudek kvin vundojn.
MENENIO	Do, nun dudek sep; ĉiu tranĉo entombigis malamikon. [*Kriado kaj trumpetado*] Aŭdu! La trumpetoj!

---

[15] Tarquinius Superbus estis la lasta reĝo de Romo. Elĵetita el sia trono pro, interalie, la seksperforto de Lukrecia, li kunvokis armeon kaj atakis Romon. Koriolano (tiutempe la 16-jara Martio) estis inter la romiaj batalantoj. Vidu la aludon al Tarkvinio ankaŭ en la venonta sceno.

VOLUMNIA   Jen la prezentantoj de Martio.

Antaŭ si li portas bruon, malantaŭe larmojn.

La nigra Morto lian brakon levas;

la brak' leviĝas, falas: homoj krevas.

Trumpetado. Envenas la generalo Kominio kaj Tito Lartio; inter ili,
Koriolano, kronita de kverka girlando, kun Kapitanoj kaj Soldatoj, kaj
Heroldo. Sonas trumpetoj.

HEROLDO   Sciu, Romo, ke Martio Kaio

batalis tute sola trans la pordojn

de Koriolo, kie per fam' li gajnis

aldonon al la nomo: «Koriolano»!

Bonvenon al Romo, renoma Koriolano! *[fanfaro.]*

ĈIUJ   Bonvenon al Romo, renoma Koriolano!

KORIOLANO   Jam sufiĉas. Ĝi ofendas mian koron.

Sufiĉas.

KOMINIO   Jen, sinjoro, via patrino.

KORIOLANO *[al Volumnia]* Peticiis vi al ĉiuj dioj –

tion mi scias – por mia prospero.   *[Li genuas.]*

VOLUMNIA   Leviĝu,

brava soldato, Kaio Martio kara,

nun per aldona nomo honorata.

Ĉu mi nomu vin … Koriolano?

Jen staras via edzino.

KORIOLANO   Kara Silento,

ĉu ridus vi se mi revenus ĉerke,

sed nun per larmoj mian triumfon markas?

Okulojn tiajn portas en Koriolo

damoj filomankaj, kaj vidvinoj.

MENENIO   La dioj vin kronu!

KORIOLANO   Kaj vi ankoraŭ vivas!

[*al Valeria*] Pardonon, mia dolĉa sinjorino.

VOLUMNIA   Mi ne scias kien turni min!

General', bonvenon; bonvenon ĉiuj.

MENENIO   Centmil bonvenojn! Ja mi povus plori

kaj samtempe ridi; mi ĝojas kaj tristas.

Malbeno kresku en la korradiko

de tiu kiu ne ĝojas vin revidi.

Jen triopo kiun Rom' adoru,

eĉ se inter ni ekzistas arboj

kies amaraj pomoj ne greftiĝas.

Urtikon ni nomu urtiko, kaj stulton stulto

kun ties pekoj. Bonvenon, batalantoj!

KOMINIO   Tute prave.

KORIOLANO   Tute, Menenio.

HEROLDO   Lasu vojon tie! Pasu!

KORIOLANO   [*al Volumnia kaj Virgilia*] Manon vian, kaj vian!

Antaŭ ol ŝirmos min la propra domo,

la bonajn patriciojn mi vizitu:

ili al mi ne nur salutojn donis,

sed freŝajn honorigojn.

VOLUMNIA   Mi ĝisvivis

la herediĝon de l' deziroj miaj,

konstruoj de la propra fantazio.

Mankas nur unu, kiun eksterdube

Romo al vi aldonos.

KORIOLANO   Patrino mia,

prefere mi laŭ mia volo servu

ol regu laŭ alia.

KOMINIO   Do, antaŭen

al la Kapitolo.

Fanfaro de kornetoj. Ili eliras ceremonie, kiel antaŭe. Bruto kaj Sicinio solaj restas, kaj proksimiĝas.

BRUTO   Lin ĉiuj langoj laŭdas; miopuloj

ekhavas okulvitrojn por lin vidi.

La vartistino lasas sian bebon

plori ĝis krevo, nur por lin admiri.

La kuiristino sian plej belan skarpon

pinglas laŭ ŝvita kolo, surgrimpante

murojn por lin spekti. Budoj, fenestroj,

benkoj sufoke plenas, tegmentoj same.

Rajdas la firstojn homoj ĉiuspecaj

kun samanima celo lin rigardi.

Klaŭstraj pastroj premas la amason

por gajni lokon. Damoj vualitaj

malfermas la vizaĝojn kie luktas

blanko kaj rozo nun ne plu gardataj

kontraŭ la brulaj kisoj de la suno.

Kia tumulto! Kvazaŭ tiu dio
kiu lin gvidas, en liajn homajn povojn
ŝtele eniris por beni lian formon.

SICINIO   En ĉi moment' mi vidas lin konsulo.

BRUTO   Se tiel, nia ofico dume dormu.

SICINIO   Li ne kapablos porti la honorojn
modere de komenco ĝis la fino,
sed perdos jamajn gajnojn.

BRUTO   Jen konsolo.

SICINIO   La plebanoj, kiujn ni reprezentas,
pro ties malico daŭra tuj forgesos
je eĉ plej eta kaŭzo liajn honorojn
novajn. Kaj sendube tiun okazon
lia fier' liveros.

BRUTO   Mi aŭdis lin ĵuri
ke se li kandidatos kiel konsulo
neniam en Forumo li aperos,
nek vestos sin en vesto de humilo,
nek montros al la homoj siajn vundojn
petante ties voĉojn odoraĉajn.

SICINIO   Tiel estas.

BRUTO   Tion li diris. Vere,
perdi li preferus se li ne povus
per peto de la patricioj gajni,
kaj pro deziro de la nobelaro.

SICINIO   Ol tion nenion alian mi dezirus.
Li ĝin faru.

BRUTO	Verŝajne tiel estos.
SICINIO	Okazos al li kiel ni bonvolas:
	certa detruo.
BRUTO	Tiel ĝi okazu.

Se ne, finiĝos certe nia povo.
Al la popolo devas ni sugesti
kian malamon li al ili sentas.
De lia pov' li igos ilin muloj,
iliajn subtenantojn silentigos,
liberecojn for de ili ŝiros,
kaj igos ilin korpe kaj anime
ne pli ol nur kameloj en milito,
taŭgaj por porti ŝargojn aŭ draŝiĝi
kiam ili stumblas sub la pezo.

SICINIO	Tion, kiel vi diris, ni sugestu

kiam lia sora aroganto
degnos instrui la popolon – kio
certe ne mankos, se ni lin incitos –
afero samfacila kiel inciti
hundojn ĉasi ŝafojn. Fajro tia
flagrigos ilian stoplon kaj la flamoj
por ĉiam lin nigrigos.

Envenas Kuriero.

BRUTO	Kio okazas?
KURIERO	Oni vin vokas al la Kapitolo.

Tie Martio laŭdire konsuliĝos.

Mi vidis mutulojn kuri por lin vidi,

blindulojn por lin aŭdi, matronojn

ĵeti gantojn kaj mantukojn voje

dum li pasis, nobelojn riverenci

kvazaŭ al statu' de Jupitero.

Pluvis kaj tondris krioj de l' plebanoj.

Neniam mi vidis ion tian.

BRUTO   Ni portu

orelojn kaj okulojn por la nuno

sed korojn por la fino.

SICINIO   Konsentite.

Ili eliras.

2.2

Envenas du Funkciuloj por arangî kusenojn, kvazaŭ en la Kapitolo.

1-a FUNKCIULO Rapidu, rapidu: ili tuj alvenos. Kiom da kandidatoj por konsuligî?

2-a FUNKCIULO Laŭdire tri, sed ĉiuj atendas, ke Koriolano venkos.

1-a FUNKCIULO Jen bravulo – sed vengê fiera, neniel amanto de la ordinaraj homoj.

2-a FUNKCIULO Tamen, en pasinteco estis multaj granduloj kiuj flatis la popolon sen ilin ami, kaj multaj amatoj kiuj ne sciis kial ili estas amataj; do, se ili amas sen scii la kialon, ili povas egale bone malami laŭ la sama motivo. Tial, la fakto ke Koriolano indiferentas, ĉu ili amas aŭ malamas lin, montras lian veran scion pri ilia temperamento – kion pro sia nobla senzorgo li ne kaŝas de ili.

1-a FUNKCIULO Se ne gravus al li ĉu jes aŭ ne li havas ilian amon, li senzorge ŝanceliĝus inter bone aŭ malbone trakti ilin. Sed li celas ilian malamon kun pli granda sindediĉo ol ili celas la lian, kaj nenion neglektas por ke ili vidu lin ilia kontraŭulo. Nu, ŝajne aspiri la malicon kaj malŝaton de la popolo estas same malsaĝe, kiel tio, kion li malaprobas, nome, flati ilin por gajni ilian amon.

2-a FUNKCIULO Li inde meritis de sia patrujo, kaj lia ascendo ne iris per same facilaj ŝtupoj kiel tiuj de homoj kiuj, suplaj kaj ĝentilaj al la popolo, demetis antaŭ ili la ĉapelon sen fari ion alian por gajni ilian estimon kaj respekton. Sed li tiel plantis siajn atingojn en iliajn okulojn kaj siajn farojn en iliajn korojn, ke, se ili silentus kaj ne montrus sian admiron, temus pri speco de vunda maldanko. Konduti alimaniere estus malico kiu, montrante mensogon, plukus riproĉojn kaj repuŝon el ĉiu aŭdanta orelo.

1-a FUNKCIULO Sufiĉas. Li estas inda homo. Lasu spacon: ili venas.

Fanfaro. Envenas la Patricioj kaj la Tribunusoj, kun Liktoroj[16] antaŭ ili; Koriolano, Menenio, la Konsulo Kominio. La Patricioj sidas en siaj lokoj. Sicinio kaj Bruto okupas siajn lokojn aparte de ili. Koriolano staras.

MENENIO   Decidinte pri la volcianoj
                 kaj Titon Lartion veniginte,

---

[16] Korpogardantoj

restas al ni ĉefa tagorda punkto,

danki tiun kies noblaj servoj

defendis la patrujon. Tial, bonvolu,

plej estimataj Senatanoj, aŭdi

la nunan konsulon kaj lastan generalon

de tiuj niaj sukcesoj, iom raporti

pri la laboro inde plenumita

de Martio Kaio Koriolano,

pro kiu ni kunvenis por lin danki

per taŭga honorigo.   [*Koriolano eksidas.*]

1-a SENATANO   Kominio,

parolu. Ne ellasu pro longeco.

Prefere nin kredigu, ke nia ŝtato

kompensas nesufiĉe, ol ke ni

tro oratoras.

[*Al la Tribunusoj*] Gvidantoj de l' popolo,

ni petas vin aŭskulti simpatie

kaj poste plutransdoni al la plebo

peton ke ili aliĝu.

SICINIO   Ni kunvenis

pro plaĉa propono. Niaj koroj

inklinas al apogo de la temo

de la nuna asembleo.

BRUTO   Kion

ni agnoskos se tamen li pli alte

taksos la popolon ol antaŭe

li emis fari.

MENENIO   Maltrafa via diro!
                  Mi preferus vian silenton. Mi petas:
                  aŭskultu kion Kominio diros.

BRUTO   Volonte. Pli taŭgis tamen mia averto
                  ol tiu via riproĉo.

MENENIO   Vian popolon
                  li amas, sed ne kiel litkunulo.
                  Parolu, inda Kominio.

Koriolano ekstaras kvazaŭ por foriri.

                                    Restu!
1-a SENATANO   Sidiĝu, Koriolano. Ne honte estas
                  aŭskulti viajn farojn.

KORIOLANO   Pardonon, moŝtoj,
                  prefere mi tolerus novajn vundojn
                  ol aŭdi pri l' akiro de la jamaj.

BRUTO   Sinjoro, espereble miaj vortoj
                  ne starigis vin.

KORIOLANO   Ne, sinjoro.
                  Sed ofte kiam batoj min restigis,
                  vortoj forpelis. Ne flatis vi
                  kaj sekve min ne ĝenis. La popolon
                  mi amas laŭ la pezo...

MENENIO   Sidu, bonvole.

KORIOLANO   Pli bone, iu gratu post alarmo
                  mian kapon en sunlumo, ol
                  sidadi nenifare por aŭskulti
                  la gigantigon de nulaĵoj miaj.

Koriolano eliras.

MENENIO	Gvidantoj de l' popolo, kiel li flatu
	vian multoblan frajon, milon kontraŭ
	unu bona, kiam vi klare vidas,
	ke pro honoro li preferus riski
	ĉiujn korpajn membrojn, ol orelon
	por poste pri tio aŭdi? Antaŭen.
KOMINIO	Voĉforto mankos. Ne decas feble noti
	la farojn koriolanajn. Oni asertas,
	ke la kuraĝo estas ĉefa virto
	kaj plej dignigas ties posedanton.
	Se tiel, la homo kiun mi priskribas
	estas sen egalo. Je dekses jaroj
	kiam Tarkvini' atencis Romon[17]
	supere al aliaj li batalis.
	Nia tiama diktatoro, kiun
	tutlaŭde mi mencias, vidis lin,
	senbarba kiel amazonanino
	forpeli vil-lipulojn. Li lin vidis
	prematan romianon superstari
	kaj trion da malamikoj tuj mortigi.
	Tarkvinion li renkontis kaj privundis
	lian genuon. Taŭga virinon ludi
	sur la scenejo, li tamen batalkampe

---

[17] Vidu la aludon en la antaŭa sceno. Kiel notite tie, Tarquinius Superbus estis la lasta reĝo de Romo. Koriolano (tiutempe la 16-jara Martio) estis inter la romiaj batalantoj kontraŭ Tarkvinio kiam Tarkvinio sensukcese klopodis regajni la tronon.

superis ĉiujn virojn, kaj por kompenso
girlandon kverkan gajnis. En knaba aĝ'
jam viro, li ŝvelis kiel maro. Dek sep
batalojn li travivis, kaj deksepfoje
forportis la girlandon. Pri la lasta,
en kaj antaŭ Koriolo, mi ne
kapablas lin sufiĉe laŭdi. Li
haltigis la fuĝantojn kaj transformis
teruron en sportadon. Kiel algo
antaŭ ŝipo, la homoj dividiĝis
kaj falis sub la pruo. Lia glavo,
stampilo de la morto, markis kaj prenis.
Vizaĝe ĝis piede sangumita,
per ĉiu mov' li ritmis mortokriojn.
La urban pordon sola li eniris,
kaj farbis ĝin per senrezista sorto,
tutsola retiriĝis, kaj revenis
Koriolon kun forto de planedo.[18]
Jen li venkis, sed la batalbruo
revekis liajn sentojn. Duobla forto
vivigis lian karnon lacigitan
kaj ree li engaĝis, kie sanganta
li tretis sur la vivojn de la homoj
kvazaŭ senĉese raba; ĝis ni nomis

---

[18]   La nomo Martio kompreneble similas la planedan nomon Marso. La influo
de planedoj en la aferoj de la mondo estis vaste kredata.

la kampon kaj urbon niaj, li ne haltis
eĉ por malstreĉi spire sian bruston.

MENENIO　　Bravulo.

1-a SENATANO　　　　Liaj meritoj nur superus
ajnan honoron kiun ni voĉdonus.

KOMINIO　　La predon li ignoris, rigardante
valoraĵojn kvazaŭ ili estus
nur monda rubo. Li avidas malpli
ol mizeron, kaj por siaj faroj
trovas kompenson en la faroj mem
kaj pagon en la paso de la tempo.

MENENIO　　Nobla li estas. Bonvolu lin alvoki.

1-a SENATANO　　Alvoku Koriolanon.

FUNKCIULO　　　　　　Jen li venas.

Envenas Koriolano.

MENENIO　　Al la Senatanoj, Koriolano,
plaĉas nomi vin konsulo.

KORIOLANO　　　　　　　Al ili
mi ŝuldas mian vivon kaj servadon.

MENENIO　　Restas nur saluti la popolon.

KORIOLANO　　Lasu min transsalti tiun kutimon:
talaron de humilo mi ne portos,
nek plede nudos por la vundojn montri
kaj serĉi de ili subtenon. Mi vin petas
transpasi tiun agon.

SICINIO   La popolo
                  havu siajn voĉojn, nek koncedu
                  unu joton de la ceremonio.

MENENIO   [*al Koriolano*] Bonvolu ne provoki ilin. Sekvu
                  la kutimon. Kiel viaj antaŭuloj, al vi rezervu
                  honoron kaj formalon.

KORIOLANO   Hontigus min la rolo, kion prefere
                  oni ne plu postulu.

BRUTO   Rimarku tion.

KORIOLANO   Fanfaroni «Jen mi tion faris,
                  jen ĉi tion», montri la cikatrojn,
                  kiujn prefere oni kaŝu, kvazaŭ
                  de ilia spiro jen menditajn…

MENENIO   Ne rezistu. Al vi ni rekomendas,
                  tribunusoj, tiun nian proponon;
                  al la konsulo ĝojon kaj honoron.

SENATANOJ   Al Koriolano ĝojon kaj honoron!

Fanfaro de kornetoj. Ĉiuj eliras krom Sicinio kaj Bruto.

BRUTO   Vidu kiel li traktos la popolon.

SICINIO   Ili rimarku! Li petos ilian subtenon
                  kvazaŭ li ne agnoskas ties rajton
                  ĝin al li transdoni.

BRUTO   Ni tuj klarigu
                  al ili pri kio okazis tie ĉi.
                  Sur la vendoplaco ili atendas.

Ili eliras.

2.3

Envenas sep-ok Civitanoj.

1-a CIVITANO   Unue, se li vere petas niajn voĉojn, ni devos ne rifuzi.

2-a CIVITANO   Ni rajtas rifuzi, sinjoro, se ni volas.

3-a CIVITANO   Ni havas ni mem la povon, sed temas pri povo ekster nia povo. Ĉar, se li montros al ni siajn vundojn kaj rakontos siajn agojn, nia tasko estas meti niajn langojn en tiujn vundojn kaj paroli tra ili. Do, se li rakontos siajn noblajn agojn, ni devos rakonti nian noblan akcepton de ili. Sendankemo estas abomene monstra, kaj se la popolo ne dankemus, tio farus monstron el la popolo, kies membroj ni estas, kaj sekve ni igus nin monstraj membroj.

1-a CIVITANO   Kaj nur eta puŝo produktos tiun rezulton. Iam kiam ni protestis pri la greno, li mem ne hezitis nomi nin multekapa amaso.

3-a CIVITANO   Ni tiel nomiĝis jam de multaj, ne ĉar niaj kapoj estas jen brunaj, jen nigraj, jen blondaj, jen kalvaj, sed ĉar niaj mensoj estas tiel bunte diversaj. Vere, se ĉiuj niaj mensoj elfluus unu kranion, ili flugus orienten, okcidenten, norden

kaj suden, kaj ilia sola interkonsento pri la vojo
estus flugi samtempe al ĉiuj kompasopunktoj.

2-a CIVITANO   Ĉu? Kaj kiun direkton, laŭ via juĝo, flugus mia
menso?

3-a CIVITANO   Via menso ne elirus tiel rapide kiel aliaj, ĉar
ĝi estas firme kojnumita en lignokapo. Sed, se
libera, ĝi certe irus suden.

2-a CIVITANO   Kial tien?

3-a CIVITANO   Por tie perdiĝi en nebulo, kie tri kvaronoj
estus forfrotitaj de putrigaj rosoj. Sed la kvara
kvarono, pro konscienco, revenus por helpi vin
akiri edzinon.

2-a CIVITANO   Neniam mankas al vi viaj trukoj. Mi cedas, mi
cedas.

3-a CIVITANO   Ĉu vi ĉiuj firme decidis voĉdoni jese? Sed ne
gravas: la plimulto decidas, laŭ mi. Se li nur
sin klinus al la popolo, neniam estus homo pli
taŭga.

Envenas Koriolano vestita en talaro de humileco, kun Menenio.[19]

---

[19]   Evidente la plebanoj venas al Koriolano unuope aŭ en duoj aŭ trioj. Precize
kiel aspektis la tradicia talaro de humileco ne estas klare. Sed evidente la talaro
egaligas Koriolanon kun simplaj, ordinaraj homoj. Oni konjektas, ke temis
pri simpla togo, kiu lasus la dekstran brakon nuda kaj montrus eventualajn
batalvundojn. Superflue diri, ke egaligo de Koriolano kun la ordinaraj homoj
estus doloriga al tiu fiera soldato.

3-a CIVITANO   Jen li venas – kaj portante la talaron de humilo. Notu lian konduton. Ni ne rajtas stari kune, sed veni al li kie li staras, unuope, duope, triope. Li petu de ni individue, tiel ke ĉiu havu la unikan honoron doni al li sian voĉon per sia propra lango. Do, sekvu min, kaj mi klarigos kiel vi aliru lin.

ĈIUJ   Kontentaj, kontentaj.   [*Ili eliras.*]

MENENIO   Ho, sinjoro, vi malĝuste faras.
Ĉu vi ne scias, kiel plej indaj homoj
sin prezentis?

KORIOLANO   Kion mi devas diri?
«Sinjoro, mi petas»? Damne! Mian langon
mi ne povas tiel turni... «Rigardu
miajn vundojn, kiujn mi ricevis
serve de l' patrujo, dum iuj
viaj fratoj hurlis kaj forkuris
nur pro bru' de niaj tamburoj.»

MENENIO   Ho, dioj!
Pri tio ne parolu. Petu ilin
pensi pri vi.

KORIOLANO   Pensi pri mi! Ha!
Ili min forgesu, samkiel virtojn
kiujn al ili vane instruas pastroj.

MENENIO   Vi ĉion fuŝos. Mi iros for. Bonvolu
paroli al ili en manier' ĝentila.   [*Li foriras.*]

Envenas du el la Civitanoj.

KORIOLANO	Petu ilin lavi la vizaĝojn,
	dentojn purigi… Jen duopo venas.
	[*Al la civitanoj*] Vi scias kial mi ĉi tie staras.
3-a CIVITANO	Jes ja, sinjoro. Klarigu la kialon.
KORIOLANO	Mia propra merito.
2-a CIVITANO	Via propra merito.
KORIOLANO	Jes, sed ne mia propra deziro.
3-a CIVITANO	Kial ne via propra deziro?
KORIOLANO	Neniam, sinjoro, mi deziris ĝeni la malriĉulojn
	per almozpetado.
3-a CIVITANO	Vi ŝajne kredas, ke, se ni ion donas al vi, ni
	esperas de vi gajni.
KORIOLANO	Nu, do, bonvolu diri, kio estas la prezo de la
	konsuleco?
1-a CIVITANO	La prezo estas, sinjoro, peti ĝin ĝentile.
KORIOLANO	Ĝentile, sinjoro, mi petas vin doni ĝin al mi.
	Mi havas vundojn kiujn mi montros al vi
	private. [*al 2-a Civitano*] Via voĉo, sinjoro. Kion
	vi diras?
2-a CIVITANO	Vi havos ĝin, inda sinjoro.
KORIOLANO	Svatite, sinjoro. Jen du valoraj voĉoj petitaj.
	Dankon pro la almozo. Adiaŭ.
3-a CIVITANO	Tio estis iom stranga.
2-a CIVITANO	Se ni povus denove… sed ne gravas. [*Ili eliras.*]

Envenas du pliaj Civitanoj.

KORIOLANO   Mi petas vin, se harmonias kun viaj voĉoj, ke mi estu konsulo, mi portas ĉi tie la kutiman veston.

4-a CIVITANO   Vi noble meritis de via lando, kaj vi ne noble meritis.

KORIOLANO   Via enigmo, do?

4-a CIVITANO   Vi skurĝis ĝiajn malamikojn, sed vergis ĝiajn amikojn; vi ja ne amis la ordinaran popolon.

KORIOLANO   Vi konsideru min despli virta, ke mi ne amis sen diskriminacio. Tamen, sinjoro, mi flatos miajn fratojn la popolon por aĉeti ilian pli bonan estimon. Tiun postulaĵon ili konsideras rafinita; kaj ĉar, laŭ sia bontrovo, ili preferus havi mian ĉapelon ol mian koron, mi ekzercos la implicoplenan kapjeson kaj levos mian ĉapelon al ili tute false; alivorte, sinjoro, mi falsos la ĉarmon de demagogo kaj malavare donacos ĝin al la dezirantoj. Do, mi petegas vin, ke mi estu konsulo.

5-a CIVITANO   Ni esperas, ke vi montriĝos nia amiko, kaj sekve ni elkore donas al vi niajn voĉojn.

4-a CIVITANO   Vi ricevis multajn vundojn por via patrujo.

KORIOLANO   Mi ne sigelos vian scion per montrado. Mi bone uzos viajn voĉojn, kaj ne ĝenos vin plu.

AMBAŬ CIVITANOJ   La Dioj ĝojigu vin, sinjoro.

La Civitanoj eliras.

KORIOLANO   Kiel dolĉaj voĉoj!
               Pli bone morti, morti pro malsato
               ol, jam merita, gajni nur pro flato.
               Kial en ĉi-talar' mi stari devu,
               al ĉiu sentaŭgul' ĉapelon levu,
               por kapti voĉojn? Postulas ĝin kutimo.
               Se regus la kutim' sen ajna limo,
               la polv' antikva restus netuŝita,
               restus eraroj, restus ĉio fuŝita
               kaj vero ne aperus. Mi ĉesu ĉasi
               l' oficon kaj honoron – tion lasi
               al homo sen skrupuloj. Sed, duonvoje,
               mi tamen daŭrigu, klaŭnu ankoraŭfoje.

Envenas tri pliaj Civitanoj.

               Jen pliaj voĉoj.
               Voĉojn? Por viaj voĉoj mi batalis
               por ili maldormadis, portis vundojn
               pli-malpli dudek kvar; por viaj voĉoj
               dek ok batalojn vidis, aŭdis, luktis;
               por viaj voĉoj farojn diversajn faris.
               Voĉojn? Konsuliĝi mi deziras.
6-a CIVITANO   Li faris noble. Al li ne manku la voĉo de
               honesta homo.

7-a CIVITANO	Do, li estu konsulo. La dioj ĝojigu lin kaj igu lin bona amiko de la popolo!
ĈIUJ	Amen! Amen! Dio savu vin, nobla konsulo!
KORIOLANO	Indaj voĉoj! [*La Civitanoj eliras.*]

Envenas Menenio, kun Bruto kaj Sicinio.

MENENIO	Eltenis vi la postulatan tempon: tribunusoj la popolan voĉon ja konfirmis. Nun ĉe la Senato en oficaj vestoj vi aperu.
KORIOLANO	Do, finita?
SICINIO	Kutimon de petado vi plenumis. Konsentis la popolo. Nun por finaprobo ni kunvenu.
KORIOLANO	Ĉu ĉe la Senatejo?
SICINIO	Jes, tie.
KORIOLANO	Ĉu mi ŝanĝu vestojn?
SICINIO	Jes, sinjoro.
KORIOLANO	Mi faros, kaj, konante min denove, la Senatejon iros.
MENENIO	Mi akompanos.
[*al la Tribunusoj*]	Kaj vi?
BRUTO	La plebon ni atendos.
SICINIO	Ĝis poste. [*Eliras Koriolano kaj Menenio.*] Li kaptis ĝin. Lia mieno montras

varmon ĉe la koro.

BRUTO   Kun kor' fiera

la veston de humilo li elportis.

Ĉu vi forsendos la popolon?

SICINIO   Mastroj, ĉu vi elektis tiun homon?

1-a CIVITANO   Sinjoro, li ricevis niajn voĉojn.

BRUTO   Ni preĝos, ke li indos vian amon.

2-a CIVITANO   Amen, sinjoro. Laŭ mia povra sento,

li mokis nin, petante niajn voĉojn.

3-a CIVITANO   Jes, rikanis rekte.

1-a CIVITANO   Ne, tio estas

lia parolstilo. Li ne mokis.

2-a CIVITANO   Ĉu iu inter ni, krom vi, asertas

ke li nin mokis? Al ni li devus montri

la signojn de merito, siajn vundojn.

SICINIO   Sed certe li faris.

ĈIUJ CIVITANOJ   Neniu ilin vidis.

3-a CIVITANO   Li diris, ke private nur, li montros,

kaj la ĉapelon svingis malestime.

«Mi volas konsuliĝi», li deklaris.

«Kutim' antikva tion realigos

nur per viaj voĉoj. Voĉojn, do!»

Ilin ricevinte, li respondis,

«Dankon pro viaj dolĉaj voĉoj, dankon.

La voĉojn vi deponis. Ĝis revido.»

Ĉu ne primoko?

SICINIO   Aŭ vi tute stultis,

aŭ komprenis kaj infanece fide
cedis la voĉojn.

BRUTO   Ĉu vi ne povis diri,
laŭinstrue, ke kiam sen potenco
li sen ofico servis nian ŝtaton,
li estis via malamik', kontraŭis
komunumajn rajtojn kaj liberojn
kiujn vi havas kiel civitanoj?
Nun kun decidopovo ŝtata,
se li malice restos malamiko
al la plebanoj, turniĝos viaj voĉoj
kontraŭ vin mem. Vi devus al li diri
ke, same kiel liaj indaj faroj
rajtigus lin ofici laŭdezire,
li konsideros vin pro viaj voĉoj
laŭ sia nobleco, ŝanĝos sian malicon
en amon, kaj staradus amikece
kiel favora estro.

SICINIO   Se tiel vi agus,
laŭ instruo, vi tuŝus lian spiriton,
elprovus liajn inklinojn, de li plukante
aŭ promeson degnan, poste uzeblan
laŭ la bezono, aŭ tian indigniĝon,
konforme al la temperamento lia,
ke li rifuzus ĉiun peton. Tiel,
vi farus avantaĝon el kolero
kaj ne elektus lin.

BRUTO   Ĉu vi rimarkis
kiel li petis voĉojn malestime
dum amon li bezonis? Ĉu vi kredas,
ke malestimo ne kontuzos vin
kiam pisti li ekpovos. Ĉu inter vi
mankis koroj? Ĉu langojn vi posedis
nur por negi vian juĝkapablon?

SICINIO   Ĉu iam vi rifuzis peton, kaj poste,
se la petanto duan fojon petis,
nun eĉ moke, tamen ĝin donacis?

3-a CIVITANO   Lin ni ankoraŭ ne konfirmis, kaj povus
malakcepti.

2-a CIVITANO   Tion ni ja faru.
Mi kvincent voĉojn trovos tiusencajn.

1-a CIVITANO   Kaj mi duoblon, plus iliajn amikojn.

BRUTO   Iru tuj; avertu tiujn amikojn
ke ili konsulon nomis, kiu forprenos
iliajn liberecojn. Ili ne pli gravos
ol hundoj same pro bojad' batitaj,
kaj por bojad' dungitaj.

SICINIO   Ĉiuj kunvenu!
Per juĝo pli prudenta, ĉiu nuligu
sian elekton stultan. Nun emfazu
lian orgojlon kaj malamon. Nek forgesu
kun kia supereco li humilis,
kaj mokis eĉ petante; sed viaj amoj,
pense pri liaj servoj, de vi forrabis

konscion de la moka malrespekto,
la neseriozo, la malam' senfina
kiujn al vi li montras.

BRUTO   Kulpigu nin,
viajn tribunusojn, ke ni petis
sen ajna interbaro, ke vi devus
elekti lin.

SICINIO   Diru, ke vi voĉdonis
pro nia ordono pli ol propra takso
laŭ viaj realaj sentoj; viaj mensoj
pensante pli pri kion vi devus fari
ol kio decus, igis vin kontraŭvole
lin apogi. Vi kulpigu nin.

BRUTO   Nin ne savu. Diru, ke ni prelegis
kiel june li ekservis la patrujon
kaj plu daŭrigis, pri lia familio,
linio nobla de la Marcianoj,
pri Anko Marcio, nepo de tiu Numo
kiu post la granda Hostilio
ĉi tie reĝis, pri Publio kaj Kvinto
kiuj konstruis akvokondukilojn,
kaj Cenzorino, noble tiel nomata,
kiu dufoje estis nia cenzoro –
liaj praavoj ĉiuj.[20]

---

[20] Ŝekspiro transprenas la biografiajn detalojn de la vivo de Koriolano el
Plutarko, kiu eraris pri pluraj aferoj, sed la baza implico estas sama: kvankam
Koriolano estas kandidato por konsuleco, do por reprezenti la popolon, li estas
plene patricia, plene nobela.

SICINIO   Tian linion

kaj tian personon taŭge kvalifikan

al ofico alta ni proponis

al viaj memoroj. Sed komparante

lian sintenon nunan kun pasinta,

kaj lin trovante firme malamika,

hastan vian jeson vi reprenas.

BRUTO   Insistu, ke ne estus vi jesintaj

sen niaj persvadoj. Voku viajn amasojn

kaj ek al Kapitolo!

ĈIUJ CIVITANOJ   Ni tion faros.

Preskaŭ ĉiuj pentas pri la voĉoj. [*La Plebanoj*

eliras.]

BRUTO   Ili iru. Pli bone tia ribelo

ol inciti nun pli grandan. Se li koleros

pro tiu rifuzo, laŭ la natur' kutima,

observu kaj respondu avantaĝe

al tiu furiozo.

SICINIO   Al la Kapitolo!

Ni jam ĉeestu, antaŭ la popolo.

Tiel ŝajnos, kiel parte veras,

ke decidis ili, ne ke ni spronis.

Ĉiuj eliras.

Akto tria

3.1

Sonoras kornetoj. Envenas Koriolano, Menenio, ĉiuj patricioj, Kominio,
Tito Lartio kaj aliaj Senatanoj.

KORIOLANO	Aŭfidio rekrutojn novajn varbis?
LARTIO	Jes, moŝto; pro tio ni decidis
	frue koncedi pacon.[21]
KORIOLANO	La volcianoj
	staras, do, ankoraŭ kiel komence,
	pretaj, kiam tempo taŭgos, ree
	nin invadi.
KOMINIO	Apenaŭ en nia vivo
	ni ties flagojn vidos. Ili estas
	tamen elĉerpitaj.
KORIOLANO	[al Lartio] Ĉu Aŭfidion
	vi renkontis?
LARTIO	Li venis sub eskorto
	sakrante, ke poltrone volcianoj

---

[21]   Frue negoci interkonsenton pri paco, interalie redonante Koriolon.

cedis la urbon. Li nun retiriĝis
al Antio[22].

KORIOLANO	Ĉu li menciis min?
LARTIO	Jes, ke li ofte vin renkontis, glavon

al glavo; ke el ĉiuj mondestaĵoj
li plej malamas vin, kaj lombardus
sian tutan havon por montriĝi
via venkanto.

KORIOLANO	En Antio loĝas?
LARTIO	En Antio.
KORIOLANO	Mi ŝatus lin elserĉi

se mi trovus kaŭzon lin oponi
kaj plene lin defii. Bonvenon hejme!

Envenas Sicinio kaj Bruto.

Jen venas tribunusoj de l' popolo,
langoj de l' komuna faŭko, ŝminkaj
per aŭtoritato preter la tolero.
Mi ilin malamegas.

SICINIO	Ne iru plu.
KORIOLANO	Kio?
BRUTO	Danĝerus pluen iri. Haltu.
KORIOLANO	Kial tiu ĉi ŝanĝo?
MENENIO	Pro kiu kialo?

---

22   Ĉefurbo de la volcianoj.

KOMINIO	Ĉu lin ne aprobis ĉiuj voĉoj?
BRUTO	Tamen ne.
KORIOLANO	Ĉu voĉis por mi beboj?
1-a SENATANO	Tribunusoj, lasu al ni vojon.
BRUTO	Indignas la popolo kontraŭ li.
SICINIO	Haltu, aŭ ĉio falos en tumulton!
KORIOLANO	Ĉu tiu via grego rajtas voĉojn
	kaj poste nei kion la langoj diris?
	Strange vi oficas. Estante buŝoj
	iliaj, regu ankaŭ ties dentojn.
	Ĉu ilin vi incitis?
MENENIO	Trankvilu, tamen.
KORIOLANO	Temas pri komploto intencita
	por bridi la volon de la nobelaro.
	Toleri tion estus kune vivi
	kun homoj neregipovaj.
BRUTO	Ne komploto.
	La popolo plendas, ke vi mokis,
	kaj kiam senpagan grenon oni donis,
	denuncis la pledantojn de l' popolo
	kiel kaptantojn de la oportuno,
	kaj malamikojn de la nobelaro.
KORIOLANO	Tion ili jam konsciis.
BRUTO	Ne ĉiuj.
KORIOLANO	Ĉu poste vi informis ilin?
BRUTO	Informis?
KOMINIO	Vi emas tiel negoci.

BRUTO   Same kiel
tion faremas vi.

KORIOLANO   Kial mi
konsulu, se per tia misprezento
mi montrus min pli taŭga tribunusi?

SICINIO   Vi tro multe montras tion, kio
incitas la popolon. Se vi deziras
pasi al via cel', la vojon petu.
Vi nun misiras. Pli milde tretu
por montri vin nobela kiel konsulo,
ne kun li jungiĝi tribunuse.

MENENIO   Ni trankviliĝu.

KOMINIO   La homoj ofendiĝis.
Ekiru! Tia ŝanceliĝo taŭgas
nek al Romo nek al Koriolano.
Tian obstaklon li ja ne meritas
false al li truditan.

KORIOLANO   Se pri greno,
mi tion diris, mi diros ĝin denove…

MENENIO   Ne nun, ne nun.

1-a SENATANO   Ne en tia varmo.

KORIOLANO   Je mia viv' mi ĵuras: mi tamen faros.
Pardonon al amikoj pli nobelaj!
Rigardu min la plebo odoraĉa,
stinka kaj ŝanĝiĝema. Mi senflata
ilin respegulas. Mi ripetas:
per tia indulgo, la Senato nutras

urtikojn de ribelo kaj subfoso
kiujn ni mem priplugis kaj prisemis.
Estas ni la honorita kelko
al kiuj ne mankas virto nek potenco
krom tio al almozuloj jam cedita.

MENENIO   Jam ne plu.

1-a SENATANO   Ne vortu plu, mi petas.

KORIOLANO   Kial ne plu? Kiel por la patrujo
mi sangon perdis, sen timo de perforto,
tiel miaj pulmoj vortojn stampos
kontraŭ ĉi-pustuloj evitendaj,
kvankam ni ŝajne serĉas infektiĝon
kun ili nin miksante.

BRUTO   Pri la popolo
vi parolas kvazaŭ punanta dio,
ne homo samfragila kiel ili.

SICINIO   Tiel ni informu la popolon.

MENENIO   Pri lia kolero?

KORIOLANO   Kolero? Mi samon pensus
eĉ pacienca kiel meznokta dormo.

SICINIO   Penso venena kie ajn ĝi estu.
Ĝi devu tie resti.

KORIOLANO   «Devu resti»?
Aŭdu ĉi Tritonon de fiŝetoj.[23]
Notu la absoluton.

---

[23]   Kvankam Tritono estis laŭ la grekoj la dio de la maro, la romianoj konsideris lin simpla heroldo de Neptuno, la romia dio de la maro.

KOMINIO   Ekster tagordo.

KORIOLANO   Ho, patricioj bonaj sed malsaĝaj,

                   solenaj sed senpensaj senatanoj,

                   kial vi voĉon donis al ĉi-Hidro[24]

                   kiu per korno de la monstro[25] bruas

                   pri sia «Devu», sed al kiu mankas

                   kuraĝo diri, ke vian riveregon

                   li turnos en kloakon? Se li potencos,

                   kliniĝu vi senpove; se ne, jam veku

                   vian danĝeran mildon. Se vi kleras,

                   ne agu kiel stultuloj; se vi ne kleras,

                   transdonu al ili kusenojn.[26] Vi plebanos

                   se ili senatanos, kaj tio ili estos

                   se voĉojn vi kunigos; kaj pli fortos

                   tiuj kies gusto pli malfajnas.

                   Ili elektas sian gvidanton – kaj tian

                   kiu metas sian popularan

                   «Devu» kontraŭ homojn pli solenajn

                   ol iam en Grekland' sulkigis brovojn.[27]

---

[24]   Multkapa monstro aŭ serpento, kiun la duondia mita heroo Herkulo
sukcesis mortigi malgraŭ tio, ke, se oni fortranĉis unu kapon, du tuj kreskis por
anstataŭi ĝin.

[25]   La korno de la Tritono.

[26]   Ke ili havu sidlokojn apud vi, sampotence kun vi – rezulte de kio, ili fariĝus
potencaj kiel senatanoj, kaj vi malfortaj kiel plebanoj.

[27]   Koriolano malaprobe rigardas la iamajn grekajn senatanojn, kiuj, kiel li
klarigas post deko da versoj, senpage donis grenon al la plebo – eĉ se ili aspektis
saĝaj (per sulkigo de la brovoj).

Tio plebigas la konsulojn. L' animon
mi priserĉas por ekscii kiam,
se du potencoj regas, neniu ĉefa,
ekvenos konfuziĝo inter ambaŭ
kaj unu per alia sin detruos.

KOMINIO   Al la placo!

KORIOLANO   Tiu kiu konsilis
grenon sen ajna pago doni, kiel
en Greklando iam oni faris...

MENENIO   Sufiĉas!

KORIOLANO   Kvankam la popolo tie
havis pli da povo, oni nutris
malobeemon kaj kultivis
ŝtatan ruiniĝon.

BRUTO   Kial voĉon
doni al homo tiel parolanta?

KORIOLANO   Jen kialoj pli indaj ol la voĉoj.
Ili scias, ke la greno ne
kompenso estis, ne farinte ion
por ĝin meriti. Premite al milito
tuŝanta l' umbilikon de la ŝtato,
eĉ unuope ili ne trapordis.
Senpagan grenon tia serv' ne indis.
Dum la milito ili plej kuraĝis
nur en ribeloj, kio ne laŭdon donas.
Iliaj akuzoj kontraŭ la Senato,

tute senbaze, neniel naskus
nian donacon larĝan. Kio, do?
Kiel ĉi multobla ventro sorbu
l' afablon de l' Senato? Agoj montru
ties probablajn vortojn: «Ni ĝin petis,
ni havas pli da voĉoj: nur pro timo
ili konsentis.» Tiel ni sendignigas
niajn postenojn, kaj igas la brutaron
nomi niajn zorgojn timoj. Tio
frakasos la serurojn de l' Senato
kaj korvoj bekos aglojn.

MENENIO   Jam sufiĉe.

BRUTO   Pli ol sufiĉe.

KORIOLANO   Ne, digestu pli.
Ĉiu ĵuro, ĉiela kaj homara,
sigelu la konkludon: kulto duobla
kie pro justa kaŭzo unu parto
l' alian malestimas, dum tiu alia
insultas sen racio; kie titolo,
rango, saĝo decidrajtas nur
per jes' kaj ne' sen scio ĝenerala –
tio ignoras la necesojn verajn
kaj cedas al vantaĵoj malstabilaj.
Baru celadon, kaj agado sekvos
sen ajna celo. Tial, mi vin petas,
vi kiuj malpli timas ol diskretas,
amas la fundamenton de la ŝtato

pli ol vi timas ŝanĝojn, kiuj preferas
noblan vivon pli ol vivon longan,
kaj riskan dozon pli ol certan morton –
forpluku tuj la homamasan langon:
ili ne leku dolĉon kiu venenas.
Via maldigno pistas veran juĝon,
kaj rabas de la ŝtato la integron
kiu, sen povo fari bonon pro malbono,
ĝin devus reguligi.

BRUTO   Tio sufiĉas.

SICINIO   Parolis li perfide. Li respondu
samkiel perfiduloj.

KORIOLANO   Ho, fripono
en via hato dronu. Kion faru
la homoj kiuj sekvas tribunusojn
kaj tiel malobeas la Senaton?
Dum ribelado, kiam netaŭgeco,
eĉ truditaĵo, regis kiel leĝo,
ili elektiĝis. En pli bona horo,
proklamu taŭga tion, kio taŭgas;
ilian povon ĵetu en la polvon.

BRUTO   Perfido evidenta.

SICINIO   Konsulo? Ne.

BRUTO   Venu la ediloj[28]!

---

[28] Magistratanoj

Envenas Edilo.

Lin tuj arestu!

SICINIO   Kunvoku la popolon –   [*La Edilo eliras.*]

en kies nomo

mi vin arestas kiel misnovulon,

perfidulon, publikan malamikon.

Min sekvu por respondi.

KORIOLANO   Olda kapro!

ĈIUJ PATRICIOJ   Ni lin kaŭcios.

KOMINIO [*al Sicinio*]   Oldulo, lasu lin.

KORIOLANO [*al Sicinio*] For, putraĵo, aŭ mi de vi disskuos

la ostojn el la vestoj.

SICINIO   Helpon, amikoj!

Envenas malorda aro de Civitanoj kun Ediloj.

MENENIO   Respekton ambaŭflanke!

SICINIO   Jen li, kiu prenus de vi la povon.

BRUTO   Kaptu lin, ediloj!

ĈIUJ CIVITANOJ Faligu lin! Faligu lin!

2-a SENATANO   Armilojn, armilojn, armilojn!

[*Ĉiuj puŝas ĉirkaŭ Koriolano.*]

ĈIUJ   Tribunusoj! Nobeloj! Civitanoj!

Sicinio! Bruto! Koriolano!

Paco! Paco! Ĉesu! Civitanoj!

MENENIO   Kio okazos? Perdis mi la spiron.

Regos anarkio. Tribunusoj,

al la popolo! Atendu, Koriolano!

Parolu, Sicinio!

SICINIO   Aŭskultu, homoj!

ĈIUJ CIVITANOJ Aŭdu la tribunuson! Pacon! Parolu!

SICINIO   Vi riskas perdi viajn liberecojn.

Martio ilin forprenos – tiu Martio

kiun vi konsulo nomis.

MENENIO   Fi, ho fi!

Vi vojas al flamigo, ne estingo.

1-a SENATANO   Al urbo-malkonstruo, tutplatigo.

SICINIO   El kio urb' konsistas, se ne el homoj?

ĈIUJ CIVITANOJ La civitanoj estas ja la urbo.

BRUTO   Per ĉies konsento oni nin establis

popola magistrato.

ĈIUJ CIVITANOJ   Kaj tiel restas.

MENENIO   Kaj verŝajne same restos.

KOMINIO   Jen vojo

platigi la tutan urbon, egaligi

la tegmenton al la fundamento

kaj kovri ĉion, nun laŭrange ordan,

per montoj da ruinoj.

SICINIO   Mortpunenda!

BRUTO   Aŭ ni insistu pri aŭtoritato

aŭ ni ĝin perdu. Ni ĉi tie deklaras,

nome de l' popolo kies povo

nin elektis: Martio ja meritas

tujan mortigon.

SICINIO	Sekve, kaptu lin.
	Lin portu al la rok' Tarpeja[29], de kie
	ĵetu lin detruen.
BRUTO	Ediloj, prenu.
ĈIUJ CIVITANOJ	Cedu, Martio, cedu!
MENENIO	Nur unu vorton.
	Bonvolu, tribunusoj, aŭdi vorton.
EDILOJ	Silentu! Silentu!
MENENIO	Laŭ via ŝajno agu – kiel amikoj
	de la patrujo. Al tio procedu milde
	kion violente vi plenumus.
BRUTO	Sinjoro, tia frido ŝajnas saĝa
	sed nur venenas kiam la malsano
	tiel akutas. Lin prenu al la roko. [*Koriolano*
	eltiras sian glavon.]
KORIOLANO	Ne. Ĉi tie mi mortos. Iuj el vi
	min vidis skermi. Alvenu min elprovi.
MENENIO	Sob tiu glavo! Tribunusoj for!
BRUTO	Lin enmanigu.
MENENIO	Helpu Martion, helpu,
	vi kiuj noblas, junaj kaj maljunaj.
ĈIUJ CIVITANOJ	Lin faligu, lin faligu!

En la luktado la Tribunusoj, la Ediloj kaj la popolanoj estas forbatitaj kaj eliras.

---

[29]   Alta klifo sude de la Kapitolo, el kies supro oni ĵetis mortkondamnitojn.

MENENIO [*al Koriolano*] Iru al via domo, iru tuj
aŭ ĉio estos nulo.

2-a SENATANO For!

KORIOLANO Restu.

Amikoj multas, egalas malamikojn.

MENENIO Ĉu tiel ni decidos?

1-a SENATANO Dioj neu!

[*al Koriolano*] Nobla amiko, hejmen, mi petegas.

Lasu nin kuraci la malsanon.

MENENIO Ĉar temas pri ulcero kiun vi
ne povas pansi. Hejmen.

KOMINIO Kun ni venu.

KORIOLANO Se barbaroj ili estus – kaj estas,
kvankam en Rom' kovitaj, sed ne romianoj,
kvankam portike de la Kapitolo
finaskitaj.

MENENIO Foriru. Indan koleron
ne metu en la langon. Alifoje
vi estos repagata.

KORIOLANO Sur kamp' egala
venkus mi kvardekon.

MENENIO Paron eĉ mi
el inter la plej bonaj – tribunusojn!

KOMINIO Sed nun ne temas pri aritmetiko:
vireco estas fola se ĝi staras
kontraŭ falanta domo. [*al Koriolano*] Iru for
antaŭ reven' de l' svarmo kies kolero

kiel baritaj akvoj, jam tro fortaj,
la bordojn superfluas.

MENENIO   [*al Koriolano*]   Mi petas, foriru

KOMINIO   Mi provu ĉu mia olda saĝo logos
tiujn kies saĝo mankas. Fliki ni devas
per ŝtofo ajnkolora.

KOMINIO   Nun venu.

Eliras Koriolano kaj Kominio.

PATRICIO   La homo makulis sian sorton.

MENENIO   Tro noblas
lia naturo por ĉi-mondo. Neptunon[30]
li ne laŭdus por kapti ties tridenton,
nek Jovon flatus por la tondropovo.
Kion la brusto forĝas, lango diras:
lia koro estas lia buŝo. Kolera,
eĉ nomon de la morto li forgesas.   [*Bruo ene.*]
Jen bela verko!

PATRICIO   Ili iru en la liton!

MENENIO   Prefere en Tiberon[31]! Je infero,
ĉu li ne takti povus?

Ree envenas Bruto kaj Sicinio kun grego da Civitanoj.

SICINIO   Kie la vipuro

---

30   Romia dio de la maro, kiu portis triklingan lancon.
31   Rivero kiu trafluas Romon.

kiu la urbon volas senhomigi
por ĉion fari sola?

MENENIO   Tribunusoj!

SICINIO   Ni ĵetu lin de la Tarpeja roko
per firmaj manoj. Leĝaron li rezistis.
proceson li ne rajtu havi,
sed nur la severon de la pov' publika,
kiun li kredas nula.

1-a CIVITANO   Li sciu, ke
tribunusoj estas plebaj buŝoj
kaj ni la plebaj manoj.

ĈIUJ CIVITANOJ   Li tion sciu.

MENENIO   Sinjoro!

SICINIO   Silenton!

MENENIO   Ne atakon lanĉu
kie preferindus nur ĉasado
en fiksaj limoj.[32]

SICINIO   Sinjoro, kial vi
forprenis la kaptiton?

MENENIO   Mi diru klare.
Mi konas la meritojn de l' konsulo:
kaj liajn mankojn.

SICINIO   Konsulo? Kiu konsulo?

MENENIO   Konsulo Koriolano.

BRUTO   Li konsulo?

---

[32]   Ne lanĉu ĝeneralan atakon kiam temas nur pri limigita ĉaso.

ĈIUJ CIVITANOJ Ne, ne, ne, ne, ne.

MENENIO   Se permese de la tribunusoj,

Kaj de vi, bonuloj, mi diru vortojn

kiuj vin lezos nur ĝis tiu grado

ke ili uzos tempon...

SICINIO   Diru mallonge,

ĉar ni urĝemas ekzekuti tuj

la vipuran perfidulon; lin ekzili

estus danĝere, sed teni lin ĉi tie

al ni signifus morton. Ni do dekretis

ke li ĉi-nokte mortu.

MENENIO   La dioj rifuzu

ke nia renoma Romo, kies danko

al filoj meritplenaj registriĝis

en la libro Jupitera[33], nun forvoru

la siajn, kiel bestino nenatura.

SICINIO   Li estas sepso nepre fortranĉenda.

MENENIO   Nu, membro kiu havas nur malsanon

kuracon havu, ne tujan amputiĝon.

Kion al Rom' li faris inde morton?

La sango kiun li perdis pro mortigo

de niaj malamikoj kvante superas

multoble tion kio al li restas.

Ke la patrujo prenu tiun reston

---

[33]   La kapitolo estis konsiderata templo de Jupitero, la ĉefo de la dioj. Do: la
registra libro de la Kapitolo.

estus por ni, farantoj, permesantoj,
marko restonta ĝis la mondofino.

SICINIO Li deliras.

BRUTO Nur parte. Tiam kiam
li amis sian landon, tiu lando
lin honoris.

SICINIO Lojalon de l' piedo
ni ne respektas se pro posta lukto
ĝi gangreniĝis.

BRUTO Ni plue ne aŭskultos.
[*al la Civitanoj*] El lia domo trenu lin ĉi tien,
ke lia infekto, facile transdonebla,
ne disvastiĝu.

MENENIO Nur unu plian vorton!
Ĉi tigrekura hasto furioza
damaĝon de senpensa rapideco
eltrovos nur postfakte, kiam plumbo
pezigos la piedojn. Agu procese,
por ke partioj – ĉar li restas kara –
ne rabe ruinigu noblan Romon
kaj kun ĝi romianojn.

BRUTO Kaj do?

SICINIO Kio?
Ni jam gustumis lian obeemon.
Li batis Edilojn, nin rezistis. Venu!

MENENIO Pensu: li edukiĝis militiste
ekde kiam li sufiĉe fortis

por eltiri glavon; siajn vortojn
li ne kribri povas. Farun' kaj brano
ĵetiĝas sen distingo. Permesu min
viziti lin kaj lin konduki kien
li povos laŭ la leĝoj kaj en paco
laŭ plena risk' respondi.

1-a SENATANO   Tribunusoj,
jen voj' humana. La alia pado
tro sanga estos, kaj kiel ĝi finiĝos
ni ne scias.

SICINIO   Nobla Menenio,
vi estu rajtigito de l' popolo.

[*al la Civitanoj*]   Demetu viajn armilojn.

BRUTO   Ne hejmeniru.

SICINIO   Iru al la placo.
          [*al Menenio*]   Ni tie atendos.
Se Marti' ne venos, ni procedos
laŭ nia unua voj'.

MENENIO   Mi lin kondukos.

[*al la Senatanoj*]   Mi petas vian eskorton. Li ja venu,
aŭ sekvos katastrofo.

SENATANOJ   Ni kuniru.

Ĉiuj eliras.

3.2

Envenas Koriolano kun Nobeloj.

KORIOLANO   Ili disbatu ĉion ĉirkaŭ min:
morton per rado aŭ ĉevalohufoj,
dek montojn metu sur la rok' Tarpeja,
ke la profundo tiel longe foru
preter la vidkapablo, tamen mi restos
al ili tute sama.

Envenas Volumnia.

NOBELO   Sed pli nobla.

KORIOLANO   Strange, ke mia patrino min aprobas
malpli firme. La plebon ŝi kutimis
nomi sklavoj lanaj, naskitaj nur
por interŝanĝi groŝojn, en kunvenoj
kapojn nudigi, oscedi, sidi mute,
mire gapi kiam patricio
esprimas sin pri paco aŭ milito.
[*al Volumnia*] Vin mi celas. Kial vi volas min
pli milda? Ĉu mi falsu mian naturon?

	Prefere mi ludu mian propran viron.

VOLUMNIA   Prefere, filo, surmetu vian povon
               antaŭ ol ĝin eluzi.

KORIOLANO   Lasu min.

VOLUMNIA   Vi ludus propran viron pli komplete
               se vi malpli penus. La rezist'
               al viaj inklinoj estus malpli forta,
               se ilin vi ne montrus ĝis forpaso
                de l' povo vin haltigi.

KORIOLANO   La pleb' pendiĝu.

VOLUMNIA   Kaj forbrulu.

Envenas Menenio kun la Senatanoj.

MENENIO   Nu, nu, vi krudis tro, iom tro krudis.
               Reiru kaj riparu.

1-a SENATANO   Nepre necesas –
               aŭ nia kara urbo disduiĝos
               kaj pereos tute.

VOLUMNIA   Konsiliĝu:
               koron mi posedas same firman,
               sed cerbon kiu gvidas la koleron
               al avantaĝ' pli bone.

MENENIO   Brave dirite.
               Mi mem remetus mian armilaron,
               kiun mi nun apenaŭ povus porti,
               por ke li ne sin klinu al brutaro.

Sed la nuna violenta krizo
cedon postulas kiel kuracan dozon
por la tuta ŝtat'.

KORIOLANO   Kion mi faru?

MENENIO   Ree al tribunusoj.

KORIOLANO   Jes, kaj poste?

MENENIO   Pentu pri viaj diroj.

KORIOLANO   Antaŭ ili?

Mi tion ne kapablus eĉ por dioj.
Neniel por ili.

VOLUMNIA   Vi tro absolutas.

Kvankam vi ĉiam celas la noblecon,
ĉi tie la ekstremoj sin kontraŭas.
Honor' kaj politiko (vi ofte diras),
amikoj firmaj, kunkreskas dum milito.
Same dum paco, nenion ili perdas
se ili kombiniĝas.

KORIOLANO   Pa!

MENENIO   Prave.

VOLUMNIA   Se honorindas en milito ŝajni
alia ol vi estas, kaj por bonaj celoj
tiel konduti, ĉu ne en paco same
honor' kaj politiko kune iru
kie necese?

KORIOLANO   Kial la insisto?

VOLUMNIA   Ĉar estas via devo nun paroli
al la popolo ne laŭ propraj pensoj

nek laŭ instigoj de la propra koro,

sed per eldiroj nur ludantaj rolon

sur via lango, vortoj eĉ bastardaj

kaj ne parencaj al la kora vero.

Nu, tio ne pli malhonoras vin

ol kapti urbon per paroloj mildaj,

kio alie metus al la ŝanco

riskon de sangoperdo.[34]

Mi pretus falsi pri naturo propra

se ŝanco kaj amikoj tion postulus,

kaj farus tion honore. Nome de ĉiuj –

senatanoj, nobeloj, edzino, filo,

mi tion diras. Vi preferus al kruduloj

severon montri ol per indulgo kapti

ilian daŭran amon. Per tiu heredo

vi vin protektos kontraŭ ruiniĝo.

MENENIO Sinjorino nobla!

 [*al Koriolano*] Venu kun ni.

 Parolu takte, tiel ke vi pansu

 ne nur la nunan sed pasintan perdon.

VOLUMNIA Filo mia, iru nun al ili,

 ĉi ĉapon en la mano. Ĝin etendu,

 laŭ la kutimo, tiel ke la genuo

---

[34] Tiel. Normale oni atendus plenan verson, ne nurajn tri piedojn. Sed Volumnia kvazaŭ kompletigis sian paroladon, sed, post paŭzo, decidas relanĉi ĝin per nova alineo.

kisu la ŝtonojn, ĉar en afero tia
la ago elokventas: senscio vidas
pli klare ol ĝi aŭdas. Kapon klinu
malgraŭ la firmeco de la koro,
humila nun kiel morus' matura
tro suka por plukiĝo; diru, ke
soldat' ilia vi estas, batalbredita,
sen tiu eco milda (vi konfesas)
al kiu ili rajtas kaj al vi decus
petante ties amon – sed estonte
vi muldos vin al ili laŭ via povo
kaj persono.

MENENIO   Agante laŭkonsile,
vi gajnos iliajn korojn, ĉar, post peto,
ili pardonojn verŝas same flue
kiel sensencajn vortojn.

VOLUMNIA   Mi petegas,
iru, obeu; kvankam mi komprenas,
ke vi preferus sekvi malamikon
tra fajra breĉo ol flati lin en laŭbo.

Envenas Kominio.

Jen Kominio.

KOMINIO   Mi estis en la placo.
Indus montri forton aŭ vin ŝirmi
per kalmo aŭ foresto. Ĉiuj koleras.

MENENIO	Nur taktaj vortoj.
KOMINIO	Tio funkcios, se li regos sian spiriton.

VOLUMNIA   Li devos kaj faros
[*al Koriolano*] Mi petas, nun konsentu, kaj ekiru.

KORIOLANO   Ĉu vere montri mian senkaskan kapon?
Ĉu per lango sklava mi mensogu
al mia nobla koro? Bone, mi faros.
Tamen, se temus nur pri ĉi tereno,
ĉi korp' Martia, ili ĝin polvigu
kaj ĵetu al la vento. Al la placo!
Vi ligis min al rolo neludebla
laŭ trafa maniero.

KOMINIO   Ni sufloros.

VOLUMNIA   Mi petas vin, dolĉulo: vi jam diris
ke miaj laŭdoj igis vin soldato.
Por gajni pliajn laŭdojn, nun ekludu
rolon al vi tutnovan.

KORIOLANO   Mi devos fari.
For mia karaktero! Min posedu
spirito de putino. Mia gorĝo
milita, agorda kun tamburo, fariĝu
eŭnuka fluto eta, aŭ la voĉ'
junina kiu bebojn lulas dormen.
Ridet' kanajla tendu en miaj vangoj,
larmoj infanaj ombru mian vidon.
Lango de almozulo lipojn movu.

Genuo kirasita, kliniĝinta
nur laŭ piedingo, nun kliniĝu
kvazaŭ pro almozo. Mi ne faros!
Mi plu honoros mian propran veron,
kaj ne per korpo trejnos mian menson
al fiksa malnobleco.

VOLUMNIA   Elektu vi!
Peti de vi almozon min pli ĝenas
ol vin de ili. Venu ruiniĝo.
Permesu, ke mi sentu vian fieron
ol timu vian orgojlon: mi mokas morton
kun koro granda kiel via. Decidu.
Vian kuraĝon suĉis vi de mi,
sed via orgojlo estas propre via.

KORIOLANO   Patrino, trankvilu. Mi iros al la placo.
Ne plu riproĉu. Mi ĉarlatanos
ilian amon, kaptos la korojn, revenos
amata de ĉiuj metioj Romaj. Mi iras.
Salutu mian edzinon. Mi revenos
konsulo – aŭ neniam plu vi fidu
mian langan flatopovon.

VOLUMNIA   Laŭ via plaĉo.
                    [*Ŝi eliras.*]

KOMINIO   Ek! Tribunusoj vin atendas.
Armu vin ke vi respondu milde.
Akuzojn ili havas, onidire,
ankoraŭ pli insistajn.

KORIOLANO   Pasvorto: «milde».

Ni iru. Se ili min akuzos false,

mi respondos laŭhonore.

MENENIO   Sed milde.

KORIOLANO   «Milde», do, «milde».   [*Ili eliras.*]

3.3

Envenas Sicinio kaj Bruto.

BRUTO   Pri tiu punkto firme lin akuzu,
                 ke li celas tiranecon. Se li evitos,
                 citu lian malicon al la plebo
                 kaj ke la predoj de la Antianoj[35]
                 neniam disdoniĝis.

Envenas Edilo.

                              Ĉu li venos?

EDILO   Li survojas.

BRUTO   De kiu akompanate?

EDILO   De Menenio kaj la senatanoj
                 kiuj ĉiam lin favoris.

SICINIO   Ĉu liston
                 vi havas de la voĉoj akiritaj

---

[35] Post pli frua batalo kontraŭ la enloĝantoj de la urbo Antio, la predo kaptita de Koriolano kaj liaj soldatoj estis laŭdire ne distribuita, kiel normale estus la kutimo. Oponantoj de Koriolano asertis, ŝajne malĝuste, ke Koriolano mem forprenis la predon.

laŭ la enketo?

EDILO   Jes. Ĝi estas preta.

SICINIO   Kolektitaj laŭ la triboj?[36]

EDILO   Mi faris.

SICINIO   Arigu la popolon tuj ĉi tien.

Kiam ili aŭdos min proklami

«Tiel estos, laŭ la rajto kaj la forto

de l' popolo» – ĉu por mort', ekzilo,

aŭ monpuno, ili kun mi kriu

«Monpuno», aŭ «Morto» se mi diras «Morto»,

pro povo kaj aŭtoritat' antikva

akorde kun justeco de la kazo.

EDILO   Mi tion faros.

BRUTO   Kiam komenciĝis

la kriado, ili ne ĉesu hurli

insiste pri la tuja plenumado

de tiu puno kiun ni elektos.

EDILO   Bone.

SICINIO   Fortaj ili estu, kaj pretaj

por la sugesto, kiam ajn ĝi venu.

BRUTO   Ekiru jam.   [*Edilo eliras.*]

Tuj igu lin kolera.

Konkeri li kutimis, kaj inciti

oponadon. Spronite, li ne povas

bridiĝi al modero. Tiam li rekte

---

[36]   Triboj estis teritoriaj distriktoj. Ĉiu tribo havis unu voĉon.

el la kor' parolas, kaj jen aperos
la vortoj kiuj rompos lian kolon.

SICINIO   Do, jen li venas.

Envenas Koriolano, Menenio kaj Kominio kun aliaj Senatanoj kaj Patricioj.

MENENIO   [*al Koriolano*] Trankvile, mi insiste petas.

KORIOLANO   [*al Menenio*] Jes, kiel grumo kiu por monereto
englutas librojn da insultaj vortoj.
[*laŭte*] La honorataj dioj tenu Romon
sekura, kaj la seĝojn de justico
plenaj je induloj, amon plantu,
dotu niajn templojn per ritoj pacaj
kaj stratojn sen milito.

1-a SENATANO   Amen, Amen.

MENENIO   Nobla deziro.

Envenas la Edilo kun la Civitanoj.

SICINIO   Popolo, proksimiĝu.

EDILO   Aŭskultu tribunusojn. Trankvilon jam!

KORIOLANO   Unue, aŭdu min.

AMBAŬ TRIBUNUSOJ   Parolu, do.

KORIOLANO   Ĉu tie ĉi finiĝas la proceso?
Pri ĉio vi verdiktos?

SICINIO   Mi demandas:

Ĉu al la voĉoj de l' popol' vi cedas,

rekonas ties oficojn kaj akceptas

laŭjuran malaprobon pro misfaroj

pruvitaj kontraŭ vi?

KORIOLANO   Mi akceptas.

MENENIO   Jen, civitanoj, li tion akceptas.

Konsideru lian militan servon,

la vundojn kiujn li portas, tiel videblajn

kiel la monumentojn en tombejo.

KORIOLANO   Arbustaj gratoj, cikatroj nur ridindaj.

MENENIO   Kaj konsideru, ke kiam li ne parolas

kiel civitan', vi vidas lin soldato.

Ne malicas liaj krudaj frazoj

sed taŭgas al soldato – vortoj al vi

neniel atakaj.

KOMINIO   Bone, bone. Sufiĉas.

KORIOLANO   Pro kio vi tiel malhonoras min,

ke, elektinte min per plenaj voĉoj

konsulo, vi samhore ĝin reprenas?

SICINIO   Respondu al ni.

KORIOLANO   Vere, mi devas. Do, diru.

SICINIO   Ni vin akuzas, ke vi ruzis preni

de Romo la oficojn tradiciajn

por sinuigi vin en tiranecon.

Sekve vi perfidis la popolon.

KORIOLANO   Kio? Perfidis?

MENENIO   Milde – laŭpromese!

KORIOLANO   Fajroj de l' infero plej profunda

englutu la popolon! Vi insulte

nomas min perfida! Viaokule,

se sidus dudekmil' da mortoj, en manoj

tiom da milionoj, vialange ambaŭ nombroj,

mi dirus «Vi mensogas» samlibere

kiel mi preĝas al la dioj.

SICINIO   Aŭdu!

ĈIUJ CIVITANOJ Al la roko! Al la roko lin portu!

SICINIO   Silenton! Akuzo nova ne necesas.

Vi vidis liajn agojn, vortojn aŭdis;

li funkciulojn frapis, vin prisakris,

oponis leĝojn bate, kaj jen defias

tiujn kies povo lin prijuĝu.

Agado tiel krima kaj ekstrema

meritas rigoran morton.

BRUTO   Sed ĉar li bone

al Romo servis…

KORIOLANO   Pri servo vi kriaĉas?

BRUTO   Mi parolas el propra sperto.

KORIOLANO   Vi, el sperto?

MENENIO   Ĉu tiel vi promesis al patrino?

KOMINIO   Sciu, mi petas…

KORIOLANO   «Scios» mi ne plu.

Ili deklaru la Tarpejan morton,

ekzilon vagan, senhaŭtigon, karceron

kun unu grajno tage… mi ne aĉetus

ilian indulgon kontraŭ unu vorto,
nek bridus mian kuraĝon nur per diro
de unu «Bonan tagon».

SICINIO   Ĉar li kiam eble
insultis la popolon, serĉante vojojn
por pluki ties povon – kaj nun finfine
atakis ilin bate, ne en ĉeesto
de justeco, sed de la oficuloj
ĝin disdonantaj, nome de l' popolo
kaj laŭ la povo tribunusa, ni
ekde ĉi momento lin ekzilas
el nia urbo, sub risko de faligo
el' rok' Tarpeja. Li neniam plu
envenu la pordegojn de la urbo.
Nome de l' popolo tiel estu.

ĈIUJ CIVITANOJ Tiel estu, tiel estu! Li foriru!
Li estas ekzilita. Tiel estu!

KOMINIO   Aŭdu min, mastroj kaj amikoj bonaj.

SICINIO   Li kondamniĝis. Finite.

KOMINIO   Lasu min diri…
Konsul' mi estis, al Romo povas montri
sur mi la vundojn de la malamiko.
Bonfarton de mia lando mi respektas
pli sankte kaj profunde ol propra vivo,
honor' de mia edzino, utera frukto,
trezor' de mia lumbo. Se do mi diros…

SICINIO   Ni konas jam la ludon. Diros kion?

BRUTO	Nenio plu direblas. Ni lin ekzilis,
	malamiko de l' popolo kaj la lando,
	kaj tiel estu.
ĈIUJ CIVITANOJ	Tiel estu! Jes, tiel estu!
KORIOLANO	Hurlanta hundogrego, kies spiron

mi hatas kiel marĉoputran stinkon,
kies amon mi respektas kiel kadavrojn
antaŭ la enterigo, koruptantajn
mian aeron, mi ekzilas vin.
Restu ĉi tie en trema necerteco!
Ĉiu onidiro skuu vin.
Ekvid' de malamikaj kaskoplumoj
ventumu vin desperen! Daŭre ekzilu
viajn defendantojn ĝis finfine
via stulteco, sentata tro malfrue,
igos vin la propraj malamikoj,
kaj vin liveros, kaptitojn degenerajn
al iu gent' venkanta senbatale.
Pro vi la urbon nun mi malestimas,
kaj for de vi mi turnas nun la dorson.
Estas mondo aliloke.[37]

---

[37] La verso reprezentas turnopunkton en la dramo – okazon per kio aktoro metas sian stampon al la rolo de Koriolano… Ĉu kolere eliri, ĉu minace retiriĝi, ĉu rezignacie montri sian malestimon, ĉu furioze forĵeti la talaron de humileco, ĉu emfazi «mondon» (implice, ke la romia vere ne estas mondo) aŭ emfazi «aliloke» (implice, ke ekzistas aliaj pli bonaj alternativoj)?

Eliras Koriolano, Kominio, Menenio, kun la aliaj Senatanoj kaj Patricioj.

La Civitanoj krias kaj ĵetas siajn ĉapojn aeren.

EDILO   Foriris malamiko de l' popolo!

ĈIUJ CIVITANOJ Li estas ekzilita! Hura! Hura!

SICINIO   Ĝis pordegoj lin eskortu, kaj lin sekvu
                      kiel li sekvis vin, kun plena spito.
                      Lin insultu laŭmerite. Gvardio
                      nin akompanu tra la urbo.

ĈIUJ CIVITANOJ   Venu!
                      Ĝis pordegoj lin eskortu. La dioj
                      protektu tribunusojn noblajn! Venu!

Ĉiuj eliras.

Akto kvara

4.1

Envenas Koriolano, Volumnia, Virgilia, Menenio, Kominio kun la junaj Nobeloj de Romo.

KORIOLANO	Ne larmu plu. Mallonga adiaŭo.
	La best' multkapa min kornumas for.
	Patrino, kie via kuraĝ' antikva?
	Vi ofte diris, ke ekstremaj krizoj
	testas spiritojn; hazardojn ordinarajn
	ĉiuj toleri povas; kiam la maro
	kalmas, ĉiuj boatoj egale majstras
	flosadi. Sed kiam la sort' plej trafe batas,
	trankvili sub la vundoj ja postulas
	nobelan ruzon. Vi emis per sentencoj
	ŝarĝi min, kiuj faru nevenkebla
	la koron kiu lernis.
VIRGILIA	Ĉielo! Ho ĉielo!
KORIOLANO	Ne, mi petas, kara…
VOLUMNIA	Ruĝa plago
	ĉiujn metiojn trafu de tuta Romo!

Pereu ĉiuj okupoj!

KORIOLANO   Kio? Kio?

Kiam mi mankos, ili min amos. Patrino,
retrovu la spiriton de via diro,
ke se de Herkulo estus vi edzino
vi ses laborojn farus, tiel ŝparante
la ŝviton de la edzo.[38] Kominio,
ne velku: adiaŭ. Fartu bone, edzino,
patrino miaj. Mi prosperos. Fidela
Menenio olda, salas la larmoj
pli ol ĉe junulo, kaj venenas
la okulojn. Iama generalo,
ofte vi severis antaŭ scenoj
korfrostigaj. Diru al ĉi virinoj
ke estas fole larmi neŝanĝeblon
kiel ĝin moki. Patrino mia, vi scias
ke miaj riskoj ĉiam vin konsolis.
Firme kredu, ke, kvankam mi iras sola
kiel izola drako kies marĉon
oni pritimas eĉ se lin ne vidas,
filo via superos ordinaron
aŭ kaptiĝos trompe.

VOLUMNIA   Filo unua,
kien vi iros? Komini' kuniru
parton de la vojo. Padon fiksu

---

[38] La romia heroo Herkulo (Herkuleso) estis rekonata en la greka-romia
mondo kiel duondio (la grekoj nomis lin Heraklo). Inter la plej konataj rakontoj
pri li estis tiu de la «dekdu laboroj» – dekdu superhomaj taskoj kiujn li plenumu
laŭ instrukcio de tiama reĝo.

pli klaran, ol nudiĝ' al ĉiu risko
saltanta en la vojon.

KORIOLANO   Ho, dioj!

KOMINIO   Monaton mi vin sekvos, kunelektos
haltojn, decidos kiel pri ni vi aŭdos,
kaj ni pri vi. Tiel, se tempo kreas
kaŭzon por vin revoki, mi ne serĉos
tra l' tuta mondo dum dezir' frostiĝos
pro via neĉeesto.

KORIOLANO   Fartu bone.
Ŝarĝas vin la jaroj; vi tro plenas
de l' sato de militoj por ekskursi
kun nevundito. Nur ĝis la pordo iru.
Venu, edzino dolĉa, patrino kara,
noblaj miaj amikoj. Kiam mi iros
ridete min salutu. Venu, mi petas.
Dum restas mi staranta vi ricevos
de mi novaĵojn, kaj pri mi nenion
kontraŭan al mia memo.

MENENIO   Indas tio
al ĉiuj niaj oreloj. Ni ne ploru.
Se nur sep jarojn povus mi forskui
de oldaj miaj membroj, je la dioj,
mi kunirus ĉiun futon.

KORIOLANO   Vian manon.
Venu.

Ĉiuj eliras.

4.2

Envenas la du tribunusoj, Sicinio kaj Bruto, kun la Edilo.

SICINIO [*al la Edilo*] Sendu ilin hejmen. Li foriris:

Ni restas. La nobeloj indigniĝis,

kaj apogas lian flankon.

BRUTO   Ni montris

nian povon. Ni ŝajnu nun humilaj

post la sukceso.

SICINIO [*al la Edilo*]   Ili iru hejmen.

Diru ke la malamiko foras

kaj ili plu konservis sian forton.

BRUTO   Sendu ilin hejmen. [*Eliras la Edilo.*]

Jen la patrino.

Envenas Volumnia, Virgilia kaj Menenio.

SICINIO   Ni ne renkontu ŝin.

BRUTO   Kaj kial ne?

SICINIO   Laŭdire ŝi frenezas.

BRUTO   Ili nin ekvidis.

Plupaŝu.

VOLUMNIA   Ha! Vi venas ĝustatempe.

La stokita plago de la dioj

repagu vian amon.

MENENIO   Ĉit, ĉit – mallaŭte!

VOLUMNIA   Se mi povus ĉesi larmi, vi aŭdus…

Tamen, aŭskultu.

[*al Sicinio*]   Ĉu vi do forkuras?

VIRGILIA [*al Bruto*]   Ankaŭ vi restu! Se nur tion mi povus

diri al mia edzo…

SICINIO [*al Volumnia*]   Ĉu vi frenezas?

VOLUMNIA   Jes ja, stultulo. Ĉu tio domaĝas? Notu:

sama estas vi. Se vi pli saĝus,

vi ne ekzilus tiun kiu liveris

por Romo pli da batoj ol vi vortojn.

SICINIO   Je ĉielo!

VOLUMNIA   Pli da noblaj batoj

ol vi da saĝaj vortoj, kaj por Romo.

Kaj krome… Sed foriru! Tamen vi restu.

Mi deziras nur, ke mia filo

staru en Arabio[39], glav' enmane

antaŭ via tribo.

SICINIO   Kaj do?

VIRGILIA   Kaj do

li nuligus viajn posteulojn.

---

[39]   En dezerta Arabio kie ne regus la reguloj kaj leĝoj de Romo.

VOLUMNIA	Inklude la bastardojn. Nobla viro,
	ho, kiajn vundojn portas li por Romo!
MENENIO	Nu, nu, trankvilu.
SICINIO	Se nur li daŭre servus la patrujon
	kiel komence, kaj li ne malligus
	la nodon kiun li faris.
BRUTO	Mi same pensas.
VOLUMNIA	«Same pensas»? Vi la amason kirlis,
	katoj, kun sama juĝkapablo kiel
	mi pri misteroj sanktaj kiujn dioj
	kaŝas de l' homoj.
BRUTO [*al Sicinio*]	Ni foriru jam.
VOLUMNIA	Mi petas, sinjoroj, foririgu vin!
	Vi brave agis. Sed unue aŭdu:
	Kiel en Rom' la Kapitol' superas
	la plej mizeran domon, mia filo –
	edzo de ĉi damo – ĉu vi vidas? –
	superas ekzilita ĉiujn vi.
BRUTO	Bone, ni iros.
SICINIO	Kial ni restu nur
	por insultiĝ' de homo sensomanka? [*Eliras la*
	Tribunusoj.]
VOLUMNIA	Kunportu miajn preĝojn. Se nur la dioj
	nenion alian farus ol konfirmi
	kontraŭ tribunusoj miajn sakrojn,
	mi renkontus ilin ĉiutage
	por malŝtopi mian koron.

MENENIO   Vi

forte ilin trafis, ne sen kaŭzo

Ĉu ĉe mi vi manĝos?

VOLUMNIA   La kolero

estas mia plado: manĝante min mem

mi malsatos pro satiĝo.

[*al Virgilia*]   Ni iru.

Ĉesu larmi kaj, kiel mi, lamentu

Junone grandioze. Venu, venu. [*Eliras*

Volumnia kaj Virgilia.]

MENENIO   Fi, fi, fi! [*Eliras Menenio.*]

4.3

Envenas Nikanoro, romiano, kaj Adriano, volciano.

NIKANORO   Mi konas vin bone, sinjoro, kaj vi min. Mi
                kredas, ke via nomo estas Adriano.[40]
ADRIANO   Prave, sinjoro. Sed, sincere, mi vin ne memoras.
NIKANORO   Mi estas romiano, kaj mia servado, samkiel vi,
                kontraŭas ilin. Ĉu vi nun memoras?
ADRIANO   Nikanoro, ĉu ne?
NIKANORO   La sama, sinjoro.
ADRIANO   Vi havis pli grandan barbon pasintfoje, sed via
                lango konfirmas vian aspekton.
                Kiujn novaĵojn el Romo? Mi havas instrukcion
                de la volcia ŝtato, ke mi serĉu vin tie. Vi bone
                ŝparigis al mi tuttagan vojaĝon.
NIKANORO   Okazis en Romo strangaj tumultoj – la popolo
                kontraŭ la senatanoj, patricioj kaj nobeloj.
ADRIANO   Okazis? Ĉu jam finite? Nia ŝtato kredas, ke ne.
                Ĝi mezas en militpreparo kaj esperas ilin

---

[40]   La du rolantoj havas nomojn, sed ili fakte funkcias kiel oponaj voĉoj –
Nikanoro el Romo, Adriano el Antio. Ĉi tie ili renkontiĝas kvazaŭ sur la vojo
inter la du potencoj.

surprizi en la varmo de tiu konflikto.

NIKANORO La granda flamo pasis, sed eĉ eta afero flamigus ĝin denove, ĉar la nobeloj tiel kordolore sentas la ekzilon de la meritplena Koriolano ke ili maturiĝas preni ĉiun potencon de la popolo kaj pluki de ili la tribunusojn porĉiame. Tio flagretas, sed preskaŭ pretas, pri tio mi certas, al violenta ekflamiĝo.

ADRIANO Koriolano ekzilita?

NIKANORO Ekzilita, sinjoro.

ADRIANO Kun tiu informo vi estos bonvena, Nikanoro.

NIKANORO La tago favoras la volcianojn nun. Mi aŭdis, ke la plej bona okazo por korupti ies edzinon estas tiam kiam ŝi kverelis kun la edzo. Via nobla Tullo Aŭfidio bone prezentiĝos en tiuj militoj se lia granda oponanto Koriolano estas malmendita de la propra lando.

ADRIANO Tio certas. Mi feliĉas pro tiu ĉi hazarda renkontiĝo. Vi plenumis mian taskon kaj mi kun plezuro akompanos vin hejmen.

NIKANORO Inter nun kaj la vespermanĝo mi rakontos al vi tute strangajn aferojn pri Romo, ĉiuj el ili favoraj al ĝiaj kontraŭuloj. Vi tenas armeon preta, ĉu ne?

ADRIANO Jes, indan de reĝo: la centestroj kaj ties soldatoj orde loĝigataj, jam pretaj ekmarŝi je unuhora averto.

NIKANORO	Mi ĝojas aŭdi pri ilia preteco, kaj kredas, ke estas mi, kiu instigos ilin al tuja agado. Do, sinjoro, ni tre feliĉe renkontiĝis, kaj mi ĝojas pri via kunesto.
ADRIANO	Vi prenas de mi mian rolon, sinjoro. Mi havas fortan kialon feliĉi pri la via.
NIKANORO	Ni iru kune.

Ili eliras.

4.4

Envenas Koriolano, malriĉe vestita, kun kaŝita idento kaj parte kovrita vizaĝo.

KORIOLANO Impona urbo, ĉi-Antio. Mi kreis
viajn vidvinojn. Heredontojn multajn
de tiuj domoj mi aŭdis ĝeme fali
dum la milito. Antio min ne rekonu,
ke knaboj per ŝtonoj, per rostostangoj damoj,
ne min mortigu per batalo febla.

Envenas Civitano.

Saluton, sinjoro.
CIVITANO   Saluton ankaŭ al vi.
KORIOLANO Indiku, se vi povas, kie loĝas
la granda Aŭfidio. Ĉu en Antio?
CIVITANO Jes. Ĉe sia domo ĉi tiun nokton
li festas kun nobeloj de la ŝtato.
KORIOLANO Kie la domo?
CIVITANO   Antaŭ ĝi vi staras.
KORIOLANO Dankon, sinjoro. Ĝis revido. Ho mondo,

kiel glite vi turniĝas! Amikoj
ĵurligitaj, kies brustoj ŝajnas
porti unu koron, kies horoj,
lito, manĝoj kaj ekzercoj kunas,
kvazaŭ ĝemeloj, kvazaŭ koramantoj
nedivideblaj, pro jota ekdisputo
en unu horo iĝos kontraŭuloj
plene amaraj. Same, malamikoj
kies planoj kaj pasioj maldormigas
per pensoj kiel kapti aŭ kaptiĝi,
pro bagatelo ovoŝele grava
iĝas amikoj karaj kaj kuniĝas.
Same ĉe mi. Mi la naskiĝlokon
malamegas, kaj la amo iras
al urbo malamika. Mi eniru.
Se li min mortigos, li faros juste;
se akceptos, mi servos lian landon.

4.5

Oni ludas muzikon. Envenas unua Servisto.

1-a SERVISTO   Vinon, vinon, vinon! Aĉa servado. Niaj homoj
                 ŝajnas dormi. [*Li eliras.*]

Envenas dua Servisto.

2-a SERVISTO   Kie estas Kotto? La mastro lin vokas.
                 Kotto! [*Li eliras.*]

Envenas Koriolano.

KORIOLANO   Agrabla domo. Manĝo bonodora,
               sed mi ne aspektas gasto.

Envenas unua Servisto.

1-a SERVISTO   Kion vi volas, amiko? De kie vi venis? Tiu ĉi ne
                 estas loko por vi. Bonvolu elpordiĝi.
                           [*Li eliras.*]

KORIOLANO   Akcepton mi pli bonan ne meritas
               estante Koriolano.

Envenas dua Servisto.

2-a SERVISTO	De kie vi venis, sinjoro? Ĉu la pordisto entute havas okulojn, ke li lasas eniri tiajn kamaradojn? Eliru, mi petas.
KORIOLANO	For.
2-a SERVISTO	For? Vi for!
KORIOLANO	Nun vi komencas ĝeni.
2-a SERVISTO	Ĉu tiel aŭdaca? Post momento venos iu kiu pridemandos vin.

Envenas tria Servisto. La unua renkontas lin.

3-a SERVISTO	Kia ulo estas tiu ĉi?
1-a SERVISTO	La plej stranga kiun mi iam ajn vidis. Mi ne povas eldomigi lin. Bonvolu voki mian mastron.
3-a SERVISTO	Kion vi faras tie ĉi, homo? Mi petas: forlasu la domon.
KORIOLANO	Lasu min stari. Mi ne difektos vian kamenon.
3-a SERVISTO	Kio vi estas?
KORIOLANO	Ĝentlemano.
3-a SERVISTO	Mirinde malriĉa!
KORIOLANO	Vere, mi tiel estas.
3-a SERVISTO	Mi petas, malriĉa ĝentlemano, okupu alian stacion. Tiu ĉi ne estas loko por vi. Mi petas: El! Venu.

KORIOLANO	Sekvu vian funkcion. Iru ronĝi la restaĵojn.
	[*Li forpuŝas lin.*]
3-a SERVISTO	Kio? Vi ne volas? Bonvolu diri al mia mastro ke li havas tute strangan gaston ĉi tie.
2-a SERVISTO	Mi tion faros. [*Li eliras.*]
3-a SERVISTO	Kie vi loĝas?
KORIOLANO	Sub la ŝirmejo.
3-a SERVISTO	Sub la ŝirmejo?
KORIOLANO	Jes.
3-a SERVISTO	Kie?
KORIOLANO	En la urbo de milvoj kaj korvoj
3-a SERVISTO	En la urbo de milvoj kaj korvoj? Kia azeno! Do vi loĝas ankaŭ kun stultaj monedoj?
KORIOLANO	Ne, mi ne servas vian mastron.[41]
3-a SERVISTO	Kio, sinjoro? Ĉu vi tuŝas la aferojn de mia mastro?
KORIOLANO	Nu, tio pli honestus ol tuŝi la aferojn de via mastrino. Vi babilaĉas. Iru al viaj teleroj. For!
	[*Li batas lin.*] [*La tria servisto eliras.*]

Envenas Aŭfidio kun la dua Servisto.

AŬFIDIO	Kie estas tiu ulo?
2-a SERVISTO	Jen, sinjoro. Mi jam batus lin kiel hundon, sed

---

[41] Komplika interinsultado, parodia interbatalo. Monedoj estis konsiderataj aparte stultaj birdoj. Kaj evidente «aferoj» havas pli ol unu signifon.

mi ne volis perturbi la lordojn interne.

[*La unua kaj dua Servistoj flankenstaras.*]

AŬFIDIO   De kie vi venis? Kion vi volas? Via nomo?

Kial vi ne parolas? Parolu. Via nomo?

KORIOLANO   [*malkovrante la vizaĝon*]

Se, Tullo, vi ankoraŭ ne min konas,

vidante min, ne konas mian identon,

mi devos mem min nomi.

AŬFIDIO   Diru la nomon.

KORIOLANO   Al volcianoj nomo sen muziko,

al vi plej raspa.

AŬFIDIO   Diru vian nomon!

Severa vi aspektas kaj via vizaĝo

kutima ordoni. Malgraŭ ŝiritaj veloj

vi aspektas nobla ŝipo. Diru la nomon.

KORIOLANO   Sulkigu la frunton. Ĉu nun vi konas min?

AŬFIDIO   Mi ne vin konas. Diru!

KORIOLANO   Mi nomiĝas

Kaio Martio, kiu vin persone

kaj ĉiujn volcianojn vaste vundis.

Pro tio mia nomo Koriolano,

sola kompenso de sendanka lando

pro la servad' kaj pro la sangogutoj

elverŝitaj – nomo memoriga

pri la malico kaj la malkontento

kiujn vi rajtus senti kontraŭ mi.

Restas nur la nomo. Ĉion alian

forvoris la kruelo kaj envio
de la popolo, kun la fipermeso
de l' nobeloj, kiuj min perfidis,
tolere, ke el Rom' per sklavaj voĉoj
mi estu prihurlata. Tiu ekstremo
min gvidis al kameno via, ne
pro espero (komprenu) la vivon savi,
ĉar, se mi timus morton, el ĉiuj homoj
mi ne alvenus vin. Sed pro spito
reciproki tiujn ekzilintojn
mi staras antaŭ vi. Se do vi havas
koron por venĝi la privatajn perdojn,
hontojn kaj vundojn kontraŭ via lando,
mizerojn miajn uzu viacele,
ke miaj venĝaj servoj tiel rolu
por via avantaĝo. Mi batalos
kun spleno de la tuta demonaro
kontraŭ kancera mia lando. Tamen,
se tion vi ne kuraĝos, aŭ lacos provi,
sciu, ke ankaŭ mi pri vivo lacas:
al via malic' longdaŭra mian gorĝon
mi jen prezentas. Se vi ne tranĉus ĝin,
aspektus vi stultulo. Kun malamo
mi ĉiam spuris vin, kaj el la brusto
de via land' spilis da sang' barelojn.
Lasi min vivi estus via honto,
escepte se vin mi servus.

AŬFIDIO   Martio, Martio!
El mia koro ĉiu via vorto
elsarkis la radikojn de envio.
Se el jena nubo Jupitero
deklarus, «Estas vero», mi lin ne kredus
pli ol mi kredas vin, Martio.[42] Mi plektas
miajn brakojn ĉirkaŭ vian korpon
kontraŭ kiun mia lanc' fraksena
centfoje rompiĝis, kovrante tutan lunon
per splitoj. Jen mi vin ĉirkaŭbrakas,
                    [Li ĉirkaŭbrakumas Koriolanon.]
amboson de mia glavo. Mi konkuras
por via am' samnoble kaj samvarme
kiel mi iam ambiciis kontraŭ
via kuraĝo. Sciu unue, ke
mi amis la virginon kiun mi nuptis:
neniam vir' elĝemis pli fidele.
Sed vidi vin, bravulo, antaŭ mi,
dancigas mian koron pli ravite
ol kiam mia novedzin' transpaŝis
la sojlon de mia domo. Sciu, Marso[43],
nia forto pretas, kaj mi intencis
haki de via brako vian ŝildon
aŭ mian brakon perdi. Vi min venkis
dekon da fojoj, kaj de tiam nokte
mi sonĝas renkontiĝojn inter ni.
Ni luktis teren en mia dormo, kaskojn

---

[42] Jupitero, romia (k.a.) reĝo de la dioj, laŭdire esprimis sian aprobon pere de
tondro.
[43] Dio de militoj, kaj ĉi tie ĝentile asociita kun Martio.

malbuklis, pugnoj ĉegorĝe. Kaj jen mi
vekiĝis duonmorta kun nenio.
Inda Martio, se kontraŭ Rom' ni plendus
nenion alian ol tiu via ekzilo,
ni konskripcius de ĉiu aĝo ĉiujn,
verŝante la militon en l' intestojn
de sendanka Romo kaj inunde
ĝin superŝutus. Venu manpremi
amikajn niajn senatanojn, kiuj
min adiaŭas antaŭ mia ekmarŝo
kontraŭ la teritorioj Romaj, sed
ne la urbo mem.

KORIOLANO   Dankon, dioj!

AŬFIDIO   Sekve, siro perfekta, se vi volas
gvidi la propran venĝon, prenu duonon
de mia komisio kaj ekplanu,
ĉar, sperta, vi plej bone konas
la fortojn kaj malfortojn de la lando,
laŭ via prefero – ĉu frapi ĉe l' pordegoj
de Romo aŭ pli fore ĝin surprizi
minace pri detruo. Sed envenu,
ke vi renkontu tiujn kiuj jesos
viajn dezirojn. Bonvena vi estas – milfoje!
Pli forte amiko ol iam kontraŭulo,
kvankam tio multis. Vian manon! Bonvenon!

[Eliras Koriolano kaj Aŭfidio.]

Alproksimiĝas la unua kaj dua Servistoj.

1-a SERVISTO   Jen stranga transformo!

2-a SERVISTO	Mia mano diris, ke mi batu lin klabe, sed mia menso sugestis, ke liaj vestoj false raportas pri li.
1-a SERVISTO	Kiel forta brako! Li min turnis inter fingro kaj polekso kvazaŭ turboludi.
2-a SERVISTO	Nu, mi sciis per lia vizaĝo ke io enestas. Li havis, kamarado, tian vizaĝon, ke mi pensis – mi serĉas la ĝustan vorton…
1-a SERVISTO	Prave. Li aspektis kiel, por tiel diri – oni pendigu min, sed ŝajnis al mi, ke en li troviĝas pli ol mi povis imagi.
2-a SERVISTO	Ankaŭ mi, damne. Li estas simple la plej rara homo en la mondo.
1-a SERVISTO	Jes ja; sed pli brava soldato ol li – ĉu tian vi konas?
2-a SERVISTO	Kiun? Mian mastron?
1-a SERVISTO	Nu, ne precize.
2-a SERVISTO	Valoras ses tiajn.
1-a SERVISTO	Tamen ne; sed mi opinias lin la pli granda soldato.[44]
2-a SERVISTO	Sed, diable, oni ne scias kiel tion diri. Por defendi urbon nia generalo estas unuaranga.

---

[44]   Ne estas klare (nek al ni nek al la servistoj), kiu estas «li» (ĉu Aŭfidio, ĉu Martio/Koriolano). La komencaj interŝanĝoj inter Koriolano kaj la servistoj, kaj nun inter la tri servistoj, rolas kiel komika komentario pri la renkontiĝo de la du centraj figuroj de la dramo. Ŝekspiro celas subfosi la eventualan solenecon de tiu renkontiĝo por rezervi al aliaj scenoj tiun emocion.

1-a SERVISTO   Jes, kaj ankaŭ por ataki.

Envenas la tria Servisto.

3-a SERVISTO   Sklavoj, mi havas novaĵojn, novaĵojn, friponoj!

1-a kaj 2-a SERVISTOJ Kio, kio, kio? Dividu!

3-a SERVISTO   El ĉiuj nacioj, mi ne volus esti romiano. Tio
egalus al kondamnito.

1-a kaj 2-a SERVISTOJ Kial? Kial?

3-a SERVISTO   Ĉi tie troviĝas tiu kiu antaŭe emis priboksi
nian generalon – Kaio Martio.

1-a SERVISTO   Kial vi diras «priboksi nian generalon»?

3-a SERVISTO   Mi ne diras «priboksi nian generalon», sed li
ĉiam estis lia egalulo.

2-a SERVISTO   Tamen, ni estas inter amikoj. Li ĉiam tro fortis
por li. Mi aŭdis lin mem diri tion.

1-a SERVISTO   Li ja tro fortis por li en rekta konfrontiĝo: tio
veras. Antaŭ Koriolo li noĉis kaj poĉis lin kiel
bifstekon.

2-a SERVISTO   Se li emus al kanibalado, li ankaŭ boligus kaj
formanĝus lin.

1-a SERVISTO   Sed pliajn novaĵojn?

3-a SERVISTO   Nu, oni tiel festigas lin tie ĉi kvazaŭ filon kaj
heredanton de Marso – ĉe la supro de la tablo,
sen demandoj eldiritaj de la senatanoj ol ke ili
nudigas la kapojn antaŭ li. Nia generalo igas lin
kromedzino, tuŝas lian manon kvazaŭ sanktan

objekton kaj rulas la okulojn pri lia diskurso.
Sed la fundo de la tuto estas, ke nia generalo
estas disduigita kaj nur duono de tio kio li estis
hieraŭ, ĉar la aliulo havas la alian duonon, laŭ
la peto kaj konsento de la tuta tablo. Li iros, laŭ
sia diro, skui la pordiston de Romo per la oreloj.
Li falĉos ĉion kio staras antaŭ li, kaj lasos post si
vojon sen kapoj.

2-a SERVISTO	Kaj li kapablus tion pli ol iu ajn homo de mi imagebla.
3-a SERVISTO	Kapablus? Li ja faros, ĉar, vidu, li havas egale multajn amikojn kiel malamikojn, kaj tiuj amikoj, sinjoro, ne kuraĝus, vidu, montri sin kiel amikojn dum li estas en direkciado.[45]
1-a SERVISTO	«Direkciado»? Kio estas?
3-a SERVISTO	Sed kiam ili vidos lian kreston denove suprenlevita kaj la homon naĝe en sango, ili eliros siajn truojn kiel kunikloj post pluvo kaj festos kun li.
1-a SERVISTO	Kiam ĉio ĉi okazos?
3-a SERVISTO	Morgaŭ, hodiaŭ, tuj. Vi aŭdos la baton de la tamburo ĉi-posttagmeze. Temas pri kvazaŭ postmanĝo de la festo, plenumata antaŭ la viŝo de la lipoj.

---

[45] La tria servisto, plej stulta el la tri, klopodas intelekte analizi la situacion sed stumblas en la rezonado, finante per la tute malklara vorto «direkciado». Li ja ne scias pri kio li parolas.

2-a SERVISTO	Do, la mondo denove moviĝos. La nuna paco utilas nur por rustigi feron, plimultigi tajlorojn kaj bredi verkantojn de baladoj.[46]
1-a SERVISTO	Ni havu militon, laŭ mi. Ĝi plibonas ol paco, same kiel tago ol nokto. Temas pri arta marŝado, aŭdebla kaj odorplena. Paco estas vera apopleksio, letargio – diluita, surda, dormema, sensenta, produktanto de pli da bastardoj ol la milito detruas homojn.
2-a SERVISTO	Vi pravas. Se oni povus diri, ke militoj estas iusence seksatenco, tiel paco, sen ajna dubo, estas granda produktanto de kokritoj.
1-a SERVISTO	Jes, kaj ĝi igas homojn malami unu la alian.
3-a SERVISTO	Kial? Ĉar ili malpli bezonas unu la alian. Mi? Mi vetas por militoj – kaj mi esperas ke romianoj fariĝos same malmultekostaj kiel volcianoj. [*Bruo ene*] Ili ekstaras, ili ekstaras.
1-a kaj 2-a SERVISTOJ	En, en, en, en.

---

[46] Tajloroj prosperas kiam regas paco: oni ja bezonas novajn vestojn por anstataŭigi uniformojn. Same prosperas la raportantoj pri la ĵus finiĝinta milito, kiuj verkas baladojn pri la milito kaj disvendas ilin.

4.6

Envenas la du tribunusoj, Sicinio kaj Bruto.

SICINIO   De li ni ne aŭdas nek lin devas timi.
                 Foriris la minaco: la popolo,
                 antaŭe agitita, nun trankvilas.
                 Amikoj liaj ruĝiĝas ke la mondo
                 bone iras, aŭ preferus vidi,
                 eĉ kun suferoj propraj, en la stratoj
                 amasojn malkontentajn, ol rigardi
                 la metiistojn kanti en siaj ejoj,
                 amike komercante.
BRUTO   Ni intervenis
                 ĝustatempe.

Envenas Menenio.

                               Ĉu jen Menenio?
SICINIO   Jes ja, jes ja. Li fariĝis milda
                 lastatempe – Saluton, sinjoro.
MENENIO   Saluton
                 al vi ambaŭ.

SICINIO	Via Koriolano
	ne multe mankas, krom ĉe siaj amikoj.
	La komunumo staras, kaj tiel estus
	eĉ se li plej kolerus kontraŭ ĝi.
MENENIO	Ĉio bonas, kaj eĉ pli bonus, se
	li scius kompromisi.
SICINIO	Kie li estas?
MENENIO	Mi nenion aŭdis. La patrino
	kaj edzino nenion aŭdis de li.

Envenas tri-kvar Civitanoj.

ĈIUJ CIVITANOJ [*al la Tribunusoj*]

La dioj ambaŭ vin protektu.

SICINIO   Kaj vin,
niaj najbaroj.

BRUTO   Bonan vesperon al ĉiuj.

1-a CIVITANO   Ni, niaj edzinoj kaj infanoj
devus genue preĝi por vi ambaŭ.

SICINIO   Vivu kaj prosperu.

BRUTO   Bone fartu.

Ni volis, ke Koriolano amu vin
kiel ni vin amas.

ĈIUJ CIVITANOJ   La dioj vin ŝirmu.

AMBAŬ TRIBUNUSOJ Fartu bone, fartu bone. Ĝis!

                              [*La Civitanoj eliras.*]

SICINIO   Jen tempo pli agrabla kaj feliĉa

ol kiam tiuj uloj kuris strate
kriante konfuzon.

BRUTO   Kaio Martio estis
inda oficiro en milito
sed orgojla, vanta preterlime
kaj sinamanta.

SICINIO   Li celis unu tronon
sen asisto.

MENENIO   Ne precize, tamen.

SICINIO   Jam nun ni tion trovus niakoste
se li konsuliĝus.

BRUTO   Taŭge la dioj
ion malhelpis, kaj pro tio Romo
sidas, sen li, sekura kaj trankvila.

Envenas Edilo.

EDILO   Tribunusoj indaj, sklavon ni kaptis
kiu raportas, ke du volciaj armeoj
samtempe venis en Romiajn landojn
kaj en milito plej malica ĉion
antaŭ si detruas.

MENENIO   Supozeble
Aŭfidio, sciante pri l' ekzilo
de Martio, elpuŝas siajn kornojn
denove en la mondon, kiuj antaŭe
enkonkiĝis dum Martio regis,

timante sin elmontri.[47]

SICINIO   Kial vi
parolas pri Martio?

BRUTO   [*al Edilo*]   La sklavon vipu!
La volcianoj ne kuraĝus rompi
la ĵusan pakton.

MENENIO   Ne kuraĝus rompi?
Ke ili kuraĝus tion ni bone scias.
Trifoje en mia tempo tio okazis.
Ekzamenu tiun ulon antaŭ puno
por scii lian fonton, kaj ne forvipi
la informojn el la mesaĝanto
se ion ni devus timi.

SICINIO   Ne min instruu.
Tio ne povas esti.

BRUTO   Ĝi ne eblas.

Envenas Kuriero.

KURIERO   La nobeloj, plenaj je perturbo,
iras la Senatejon. Venas novaĵoj
kiuj sulkigas la vizaĝojn.

---

[47]   Kompari Aŭfidion kun heliko estas evidente malestime – kvankam indas
atentigi, ke la romia ramo (murrompilo) nomiĝis «testudo» – kiun la angloj
tradukis kiel «heliko». La termino «heliko» estis ankaŭ uzata en la angla lingvo
por priskribi certan batalan formacion.

SICINIO   Tiu sklavo…

[*al la Edilo*] Vipu lin publike, pro rumoro

sen ajna plia bazo.

KURIERO   Jes, sinjoro,

la raporto konfirmiĝis, kaj pli

terura nun alvenis.

SICINIO   Terura kiel?

KURIERO   El multaj buŝoj estas parolate –

ĉu ĝuste mi ne scias – ke Martio

lige kun Aŭfidio, gvidas forton

kontraŭ Romo kaj deklaras venĝon

senprecedence drastan.

SICINIO   Jen fantazio

BRUTO   Dirita nur, ke feblaj niaj amikoj

sopiru la revenon de Martio.

SICINIO   Kia truko!

MENENIO   Tio ja fantazias.

Kunigi Aŭfidion kaj Martion

estus kvazaŭ ligi du kontraŭojn.

Envenas dua Kuriero.

2-a KURIERO   Al la Senato oni vokas vin.

Kaio Martio en lig' kun Aŭfidio

armeon gvidas kiu furiozas

kontraŭ niaj teroj, bruligante

kaj detruante ĉion en sia vojo.

Envenas Kominio.

KOMINIO	[*al la Tribunusoj*] Bone vi laboris.
MENENIO	Kia novaĵo?
KOMINIO	Ebligis vi perforti viajn filinojn
	fandi sur viajn kapojn la tegmentojn,
	malhonori antaŭ viaj nazoj
	viajn edzinojn…
MENENIO	Sed kia via novaĵo?
KOMINIO	… brule polvigi viajn templojn kaj
	kunpremi viajn liberojn tiel gravajn
	en borilan truon.
MENENIO	Novaĵojn, tamen!
	[*al la Tribunusoj*] Mi timas ke vi bele laboradis.
	[*al Kominio*] La novaĵoj? Se Martio kuniĝis
	kun la volcianoj…
KOMINIO	Vi diras «Se»?
	Ilia dio li estas – kaj gvidas ilin
	kvazaŭ kreita ne de la naturo
	sed de dio kiu homojn muldas
	pli bone ol naturo. Ili lin sekvas
	kontraŭ ni knaboj kun la sama fido
	kiel infanoj ĉasas papiliojn
	aŭ buĉistoj frapas muŝojn.
MENENIO	[*al la Tribunusoj*] Bone
	vi laboris – vi kun la antaŭtukoj,
	vi kiuj tiel fidis metiajn voĉojn
	kaj ajlodoran spiron!

KOMINIO	Li skuos Romon
	ĉirkaŭ viajn orelojn.
MENENIO	...Kiel Herkulo[48]
	orajn pomojn skuis. Bela laboro!
BRUTO	Sed, sinjoro, ĉu veras ĉio ĉi?
KOMINIO	Jes – kaj vi palos antaŭ la finiĝo.
	Ĉiuj regionoj, ridetante,
	ribelas kontraŭ ni. La rezistantojn
	oni pri kuraĝo mislokita
	mokas kiel stultulojn. Kiel riproĉi?
	Liaj malamikoj kaj la viaj
	trovas en li komunan avantaĝon.
MENENIO	Ni pereos se li ne kompatos.
KOMINIO	Kiu ĝin petu? Pro honto tribunusoj
	ne povas; la popol' kompaton gajnus
	kiel lupo ĉe ŝafistoj; kaj liaj amikoj,
	se ili dirus «Zorgu Romon», nur
	eĥus malamikojn kaj rezulte
	malamikoj ŝajnus.
MENENIO	Se li torĉon
	metus al mia domo por ĝin konsumi,
	malhonore mi petegus «Ĉesu».
[*al la Tribunusoj*]	Vi bele konstruis, vi kaj viaj manoj,
	manipulis bele.

KOMINIO   Vi al Romo

        neniam pli senhelpa afliktis tremon.

AMBAŬ TRIBUNUSOJ Ne ni ĝin kaŭzis.

MENENIO   Kiu do? Ĉu ni

        kiuj amis lin, sed beste kaj poltrone

        cedis al viaj bandoj kiuj sekve

        lin prihurlis el la urbo?

KOMINIO   Mi timas

        ke lin ili same hurle reenlasos.

        Aŭfidio, la dua hom' de homoj,

        lin obeas kvazaŭ deputito.

        La nura politiko kaj defendo

        restanta al Romo estas la despero.

Envenas bando de Civitanoj.

MENENIO   Jen la svarmoj. Ĉu ankaŭ Aŭfidio?

[*al la Civitanoj*]   L' aeron vi putrigis kiam ĉielen

        vi ĵetis viajn ĉapojn kaj prihurlis

        ekzilon de Koriolano. Ĉiu har'

        sur ĉiu soldata kap' vipilo iĝos,

        kaj tiom da dandoj kiom da ĉapoj falos

        kiel rekompenc' de viaj voĉoj. Ne gravas:

        eĉ se li brazus nin al unu cindro,

        ni tion meritus.

ĈIUJ CIVITANOJ   Teruras la novaĵoj.

1-a CIVITANO   Se temas pri mi, kiam mi lin ekzilis
                 esprimis mi bedaŭron.

2-a CIVITANO   Ankaŭ mi

3-a CIVITANO   Ankaŭ mi, kaj, por diri la veron, same faris
                 multaj inter ni. Tion kion ni faris ni faris
                 bonintence kaj kvankam ni volonte konsentis
                 al lia ekzilo, tio estis kontraŭ nia volo.

KOMINIO   Vi, voĉoj, kiel vi belas!

MENENIO   Kaj bone laboris,
                 hurluloj. [*al Kominio*] Ni iru al la Kapitolo?

KOMINIO   Kion alian fari?

Eliras Kominio kaj Menenio.

SICINIO   Iru, mastroj, hejmen. Ne malesperu.
                 Tiuj ĉi estas homoj kiuj dezirus
                 tion kion ili ŝajnas timi. Iru
                 kaj ne montru timon.

1-a CIVITANO   La dioj nin gardu! Venu, mastroj, hejmen. Mi
                 ĉiam diris, ke ni eraris lin ekzilante.

2-a CIVITANO   Ni ĉiuj tiel pensis. Sed venu; ni iru hejmen.

BRUTO   Mi ne ŝatas la novaĵojn.

SICINIO   Nek mi.

BRUTO   Ni iru al la Kapitolo. Duonon
                 de mia tuta havo mi fordonus
                 por igi tion mensogo.

SICINIO   Ni ekiru.

4.7

Envenas Aŭfidio kun sia Leŭtenanto.

AŬFIDIO   Ĉu daŭras aliĝo al la romiano?

LEŬTENANTO   Lian sorĉon mi ne tuj komprenas.

Kiel antaŭmanĝan benon viaj soldatoj
lin traktas, kiel ĉetablan temon kaj
kiel dankon post la manĝo. Kaj vi, sinjoro,
per tio mallumiĝas.

AŬFIDIO   Interveno
lamigus la piedon de la plano.
Li kondutas pli fiere, eĉ al mi
ol ŝajnis je l' brakumo. Sed lian naturon
ŝanĝi ni ne povas. Neŝanĝeblon
sekve ni toleru.

LEŬTENANTO   Mi preferus –
pro via farto – ke vi ne vin ligus
kune kun li, sed mem la komision
entreprenus, aŭ al li ĝin lasus
kiel sole lian.

AŬFIDIO   Mi komprenas.
Sed je la tempo de la finkalkulo

li ne scios kion mi pretendos
kontraŭ lia konto. Kvankam ŝajnas –
al li kaj al l' okulo ordinara –
ke ĉion li mastrumas por la ŝtato
volcia, drake batalas kaj venkas tuj
je glavotiro, tamen li neglektis
aferojn kiuj rompos lian kolon,
aŭ riskos mian, je la revizio.

LEŬTENANTO   Ĉu vi kredas, ke li venkos Romon?

AŬFIDIO   Ĉiuj lokoj cedas sen reago
kaj l' nobelaron Roman li posedas.
Lin amas senatanoj, patricioj,
dum tribunusoj nulas kiel soldatoj.
Ili lin akceptos tiel haste
kiel ili lin ekzilis. Al Romo
li montriĝos kiel aglo antaŭ fiŝo:
li ĝin prenos kiel propran rajton.
Komence li aperis kiel servanto
antaŭ la popol', sed ne eltenis –
eble pro fiero, kiu ĉiam
minacas sukcesanton, aŭ misjuĝo
malbone disdonante tiujn ŝancojn
kiujn li disponis, aŭ pro rigido,
ne povante laŭ la cirkonstancoj
moviĝi de la kasko al kuseno,
sed regis pacon kun severo sama
kiel militkomandon. Unu tiu trajto –

ĉar ĉiuj lin prispicis – aŭ preskaŭ ĉiuj –
igis lin timata, sekve malamata,
kaj sekve ekzilita. Li tro facile
sufokas siajn meritojn. Jen niaj virtoj
kuŝas en interpreto de l' epoko,[49]
kaj potenco, ema mem sin laŭdi,
ne havas tombon tiel evidentan
kiel katedron el kiu ĝin deklari.
Fajro forpelas fajron, najlo najlon,
rajtoj pro rajtoj stumblas, falas pro forto
forto. Ni ekiru: pasas tempo.
Kiam, Kaio, Romo estos via,
vi estos malriĉa, kaj tiam vi estos mia.

---

[49] «Dependas de la interpreto de la koncerna epoko.»

Akto kvina

5.1

Envenas Menenio, Kominio, la du Tribunusoj Sicinio kaj Bruto, kaj aliaj.

MENENIO   Ne, mi ne iros. Vi aŭdis kion diris
             lia general' iama, kiu
             lin amis kare. Li min nomis patro,
             sed tio ne gravas. Prefere iru vi
             kiuj lin ekzilis. Ĉe lia tendo,
             unu mejlon for, genuu vojon
             al lia kompato. Se li nur kontraŭvole
             aŭskultis Kominion, mi restos hejme.

KOMINIO   Li ŝajnis ne min koni.

MENENIO   Ĉu vi aŭdas?

KOMINIO   Sed unu fojon li diris mian nomon.
             Mi urĝis nian konon kaj la gutojn
             de ni sangitajn kune. Al la nomo
             «Koriolano» li ne respondis, negis
             ĉiujn nomojn, kvazaŭ ia neniu

sentitola, ĝis li forĝos nomon
bruligante Romon.

[*al la Tribunusoj*]   Bonan laboron
vi ĉiuj faris. Vi la tutan Romon
detruis por tiel malkarigi karbon.
Nobla monumento!

KOMINIO   Mi al li diris
ke pardoni estas reĝe kiam
neatendite. Li al tio respondis
ke temas nur pri ŝtata peticio
al iu de ĝi punita.

MENENIO   Ĉu li povus
malpli diri?

KOMINIO   Mi penis ĉe li veki
respekton pri amikoj. Sed li diris,
ke ilin li plezure amasigos
kiel fetorajn ŝelojn en draŝejo.
Li diris, ke stultus, por ŝpari kelkajn grajnojn
lasi la stinkajn ŝelojn nebrulintaj.

MENENIO   Kelkajn grajnojn? Mi estas inter ili –
kaj liaj patrin', edzino kaj infano,
kaj tiu ĉi bravul'. Ni estas grajnoj,
[*al la Tribunusoj*] vi la fetoraj ŝeloj, flaritaj eĉ
super la luno. Por vi ni devas bruli.

SICINIO   Sed paciencu. Se helpi vi rifuzas
en ĉi asisto tiel bezonata,
ne nin kritiku pro aflikto nia.

Se pretus vi por via lando pledi,
via lango, pli bone ol armeo
improviza, eble haltigi povus
nian samlandanon.

MENENIO   Mi ne faros.

SICINIO   Mi petas: iru al li.

MENENIO   Kaj kion fari?

BRUTO   Elprovu kiom via am' al Romo
povos Martion movi.

MENENIO   Kaj se Martio
min traktos kiel Kominion – kio do? –
ke mi revenu amiko repuŝata,
afliktoplena pro kruelo lia?
Se tio okazos?

SICINIO   Tamen via bonvolo
ricevu proporcian dankon kiel
intenco bona.

MENENIO   Mi ĝin entreprenos.
Mi kredas, ke li aŭdos min, sed
sian lipon mordi antaŭ Kominio –
tio trafas mian koron. Eble
moment' maltaŭga: li ne manĝis jam…
Kiam malplenas vejnoj, la sango fridas,
kaj pri l' maten' ni paŭtas. Emas ni ne doni
nek pardoni: sed kiam ni prifarĉis
la tubojn kaj movilojn de la sango
per vin' kaj nutro, pli suplas la animoj

ol dum monaĥaj fastoj. Tial mi
atendos ĝis li manĝis kontentige:
tiam mi albordiĝos.

BRUTO   Vi la padon konas
al lia naturo; la vojon vi ne perdos.

MENENIO   Mi lin elprovos spite la rezulton.
baldaŭ pri l' sukceso mi ekscios.   [*Li eliras.*]

KOMINIO   Li ne akceptos lin.

SICINIO   Ĉu neniam?

KOMINIO   Vidu: li sidas en oro, lia okulo
ruĝas per brulo Roma. Lia ofendo
seruras lian kompaton. Mi genuis;
li diris mallaŭte «Staru», min forigis
jene, per senparola mano. Poste
li klarigis skribe siajn intencojn
kaj neintencojn, per ĵuro sigelitajn,
ke li plenumos ĉiujn ties kondiĉojn.
Do, vanas ĉiu espero… Krom se
lia patrino nobla, kaj edzino,
intencas peti lian kompatindulgon
al lia lando. Tion mi aŭdis. Ni iru
per niaj petoj ilin rapidigi.

Ĉiuj eliras.

5.2

Envenas Menenio kaj la du Gardistoj.

1-a GARDISTO   Haltu. De kie vi venis?

2-a GARDISTO   Haltu kaj retroiru.

MENENIO   Vi vire gardas. En ordo. Sed, mi petas,
mi estas oficisto de la ŝtato
kaj venis por renkonti Koriolanon.

1-a GARDISTO   De kie?

MENENIO   De Romo.

1-a GARDISTO   Vi ne rajtas pasi.
Reiru. Nia general' ricevos
neniun de tie.

2-a GARDISTO   Fajro brakumos Romon
antaŭ ol Koriolano vin akceptos.

MENENIO   Amikoj, se pri Rom' li ion diris,
certe estas, ke mia nomo tuŝis
viajn orelojn. Temas pri Menenio.

1-a GARDISTO   Tamen, reiru. La virto de via nomo
ĉi tie ne kontantas.

MENENIO   Vidu, homo,

la general' min amas. Mi rolis kiel
kronik' de liaj agoj kie legeblas
lia famo senegala – eĉ pli:
ĉar mi ĉiam miajn amikojn pentris,
kaj lin la ĉefa, per amplekso tia
kia verec' toleras. Eĉ, foje,
kiel ludglobo sur subtila tero
mi pasis post la markon, kaj linlaŭde
preskaŭ stampis la troigon. Sekve,
homo, mi rajtu pasi.

1-a GARDISTO   Vere, sinjoro, eĉ se vi dirus tiom da mensogoj liafavore kiom vi eldiris proprajn vortojn, vi ne ĉi tie trapasus, nek se estus tiel virte kuŝi kun mensogoj kiel vivi ĉaste. Tial, reiru.

MENENIO   Memoru, homo, ke mi nomiĝas Menenio, ĉiam partizano de via generalo.

2-a GARDISTO   Malgraŭ tio, ke viadire vi estis lia mensogisto, mi estas persono kiu, verdiristo sub lia gvido, devas deklari, ke vi ne rajtas pasi. Sekve, reiru.

MENENIO   Ĉu li jam manĝis, bonvolu? Ĉar mi ne volas paroli kun li antaŭ la manĝo.

1-a GARDISTO   Vi estas romiano, ĉu ne?

MENENIO   Same kiel via generalo.

1-a GARDISTO   Do vi devus malami Romon, same kiel li. Ĉu vi, kiu elpuŝis el la viaj pordegoj tiun kiu ilin defendis kaj en perforta popola ignoro donacis al via malamiko vian ŝildon, intencas fronti lian

vengon per la facilaj ĝemoj de maljunulinoj, la
virginaj manplatoj de viaj filinoj kaj la paralizita
interveno de tiel kaduka konfuzito kiel vi ŝajnas
esti? Ĉu vi celas estingi la anticipan fajron kiu
ekflamos en via urbo per tiel malforta spiro?
Ne, vi eraras. Do, reen al Romo por pretigi
vian ekzekutiĝon. Vi estas kondamnita; nia
generalo forĵuris vin el vivindulgo kaj pardono.

MENENIO   Ulo, se via kapitano scius, ke mi ĉeestas, li
                     traktus min kun estimo.

1-a GARDISTO   Kapitano mia ja ne konas vin.

MENENIO   Mi celis «generalo».

1-a GARDISTO   Mia generalo ne interesiĝas pri vi. Retro! For!
                     Ke mi ne spilu vian duonpajnton da sango.
                     Retro! Nur tiom vi havas. Retro!

MENENIO   Sed homo, homo…

Envenas Koriolano kun Aŭfidio.

KORIOLANO   Kio okazas?

MENENIO   [*al la 1-a Gardisto*] Nun, kamarado, mi for-
                     komisios vin. Vi scios nun kiom mi estimatas.
                     Vi vidos, ke iu gardofripono ne povas min
                     foroficumi de mia filo Koriolano. Nur
                     antaŭvidu kiel li akceptos min por imagi vian
                     staton de baldaŭa pendumiĝo aŭ alia morto
                     pli longdaŭra je spektiĝo aŭ pli kruela laŭ

suferado. Rerigardu nun, kaj svenu pro tio kio okazos al vi. [*al Koriolano*] La gloraj dioj sidu en ĉiuhora sinodo pri via aparta prospero kaj amu vin ne malpli bone ol amas vin via olda patro Menenio. Ho, mia filo, mia filo! Vi pretigas fajron por ni. Vidu: jen akvo por ĝin estingi. Malfacile oni persvadis min veni al vi, sed, konvinke ke neniu alia ol mi povus vin movi, mi estis elblovita el niaj pordegoj per ĝemoj por ĵure petegi vin pardoni Romon kaj viajn peticiajn samlandanojn. La bonaj dioj mildigu vian koleron kaj turnu ties feĉon kontraŭ tiu ĉi kanajlo – kiu kiel bloko neis mian alvenon al vi.

KORIOLANO   For!

MENENIO   Kio? For?

KORIOLANO   Edzinon, patrinon, infanon mi ne konas.

Miaj aferoj servistas al aliaj.

Mia venĝo estas mia propra:

mildigo apartenus al Volcio.

Ke ni nin konis, forgesem' venenos

pli ol indulg' mezuros.[50] Tial, foriru.

Kontraŭ viaj petoj miaj oreloj

plifortas ol pordegoj viaj fortas

---

[50] Koriolano emfazas, ke li fariĝis plene realigilo de la propra venĝo. Personajn ligojn (ekz. familiajn) la historio forgesos, dum (li tiel implicas) batalojn kaj venkojn ĝi memoros.

fronte al mia potenco. Ĉar mi vin amis,
prenu jenon. [*Li donas al li leteron.*] Mi skribis ĝin por vi
kaj intencis sendi ĝin. Plian vorton,
Menenio, mi ne aŭskultos. – Ĉi homon,
Aŭfidio, en Rom' mi amis. Nun vidu.

AŬFIDIO   Konstantas via humoro.

Eliras Aŭfidio kaj Koriolano. Restas la Gardistoj kaj Menenio.

1-a GARDISTO   Nun, sinjoro, ĉu vi nomiĝas Menenio?

2-a GARDISTO   Temas, vi vidu, pri sorĉvorto tre potenca. Vi
                 konas la vojon hejmen.

1-a GARDISTO   Ĉu vi aŭdas kiel oni riproĉas nin, ke ni haltigis
                 vian moŝton?

2-a GARDISTO   Kaj kial, precize, mi svenos?

MENENIO   Zorgas mi pri nek la mondo nek via generalo.
                 Kaj se temas pri vi, vi estas tiel etaj, ke mi
                 apenaŭ kredas, ke vi ekzistas. Tiu kiu emas
                 morti propramane ne timas morton fare de
                 aliaj. Via generalo faru sian faron. Pri vi, vi
                 longe vivu kaj via mizero kresku kun via aĝo.
                 Mi diras al vi kiel instruite: «For!»   [Li eliras.]

1-a GARDISTO   Nobla homo, tamen.

2-a GARDISTO   La vere nobla homo estas nia generalo. Li la
                 roko, la kverko, de la vento neskuebla.

Ili eliras.

5.3

Envenas Koriolano kaj Aŭfidio kun volciaj soldatoj.

KORIOLANO Morgaŭ antaŭ la murar' de Romo
ni plantos niajn trupojn. Partnero mia,
informu la volciajn lordojn kiel
aperte mi procedis.

AŬFIDIO Vi respektis
iliajn celojn, ŝtopis la orelojn
kontraŭ Romaj peticioj, neniam
eĉ flustron traktis de tiuj viaj amikoj
kiuj sin supozis konfidantoj.

KORIOLANO Tiu oldul' plej lasta, kiun mi sendis
ree al Romo kun fendita koro,
amis min super la mezur' de patro,
fakte diigis min. Ili lin sendis
kiel esperon lastan. Pro lia amo,
kaj malgraŭ la mistrakto, mi proponis
kondiĉojn kiujn ili jam rifuzis
nek povus nun akcepti – tiel nur
por lin komplezi, kiu esperis pli.
Malmulton mi cedis. Pliajn ambasadojn,
nek de la ŝtato nek de privatuloj

mi aŭskultos. [*krio ene*] Pri kio oni krias?

Ĉu mi tentiĝos mian ĵuron nei

samtempe kun la faro? Nepre ne.

Envenas Virgilia, Volumnia, Juna Martio, Valeria kaj akompanantoj.

Venas unue mia edzino, poste

la formo kiu tiun ĉi trunkon muldis,

enmane la nepo de ŝia sango. Sed for,

ĉiu karo! Rompiĝu ĉiu ligo

de l' naturo. Virtos la obstino. [*Virgilia riverencas.*]

Kiom valoras tiu riverenco?

Aŭ tiuj okuloj pledaj, kiuj igus

la diojn sin forĵuri. Mi forĝiĝis

el tero ne pli firma ol aliaj. [*Volumnia sin klinas.*]

Patrino mia sin klinas, kvazaŭ Olimpo[51]

cedu al talpaĵo. Mia juna knabo

aspekton de petego montras, al kiu

naturo diras «Ne neu.» La volcianoj

plugu Romon, rastu Italion.

instinkton mi ne sekvu, anseride.

Mi staru kiel homo sinkreinta

sen lig' al familio.

VIRGILIA   Lordo kaj edzo.

KORIOLANO   Okuloj miaj ne vidas kiel en Romo.

---

[51] La monto kie loĝas la dioj (kaj talpoj ne sufiĉe fortas por subfosi monton).

VIRGILIA   La tristo, kiu montras nin ŝanĝitaj,
           igas vin tiel pensi.

KORIOLANO   Kiel aktor'
           obtuza, mi forgesis miajn versojn,
           kaj mutas malhonore. Karno mia,
           pardonu min kruelan, sed ne diru
           pro tio «Indulgu romianojn.» [*Ili kisas.*] Kiso
           ekzile longa, venĝe dolĉa! Nun,
           je Junon' ĵaluza, tiun kison[52]
           mi gardis, kara: mia lip' fidela
           virginis depost tiam… Mi babilaĉas,
           ho dioj, dum mia patrin' plej nobla restas
           sen mia saluto. Teren nun, genuo, [*Li genuas.*]
           ke via devo en la teron sulku
           pli firme ol ĉe filoj ordinaraj.

VOLUMNIA   Benata, staru, dum jene mi genuas
           sur ŝtofon ne pli molan ol siliko,
           montrante devon ĝis nun miskonatan
           kiel tiun de infano al gepatro. [*Ŝi genuas.*][53]

KORIOLANO Kio? Viaj genuoj al mi? Al via
           filo riproĉata? [*Li ekstaras.*] La ŝtonetoj
           sur la avida strand' prefere frapu

---

[52] Junono estis diino de geedziĝo.
[53] La reciproka genuado substrekas la emocian konflikton inter familiaj normoj kaj la normoj de milito. La aparte ekstrema retoriko direktita poste al Valeria eble substrekas kaj kompletigas la tri statojn de virinoj laŭ la romia interpreto: patrinecon, edzinecon, virgulinecon.

kontraŭ la stelojn; ribelaj ventoj batu
fierajn cedrojn kontraŭ la fajran sunon,
murdante neeblecon kaj farante
neeston tutfacile fasonebla. [*Li levas ŝin.*]

VOLUMNIA   Vi estas mia batalanto; mi helpis
                  formi vin. [*Ŝi gestas al Valeria.*] Vi konas la sinjorinon?

KORIOLANO   Nobla fratin' de Publikolo, kara
                  Valeria, luno de Romo, ĉasta
                  kiel glacier' el pura neĝo,
                  kristale frosta, pendanta de l' tempio
                  de Diana...

VOLUMNIA   [*montranta la junan Martion*] Jen epitomo via[54]
                  kiu laŭ interpreto de la tempo
                  povus montriĝi granda kiel vi.

KORIOLANO   [*al la juna Martio*] La dio de soldatoj, kun konsento
                  de Jov' ĉiopova, plenigu viajn pensojn
                  per nobleco, ke vi de hont' pruviĝu
                  nevundebla, starante en militoj
                  kiel lumturo, kontraŭ ĉiu vento
                  sava al rigardantoj!

VOLUMNIA   Genuon, knabo.
                  [*La juna Martio genuas.*]

KORIOLANO   Mia bravulo!

VOLUMNIA   Li, edzino via,

---

54   Miniatura versio, resumo (epitomo: resumo de pli longa verko, kiel ekzemple libro).

ĉi damo kaj mi mem estas al vi
pledantoj.

KORIOLANO   Mi petas, ĉesu. Nur silentu.

Aŭ, se vi demandos, jam memoru:
tion kion ĵuris mi ne cedi
ne traktu kiel rifuzon; ne petu min
maldungi soldatojn miajn aŭ denove
humili antaŭ metiistoj Romaj.
Ne nomu min nenatura. Ne deziru
dampi miajn venĝojn kaj kolerojn
per rezonado frosta.

VOLUMNIA   Ĉesu, ĉesu!

Vi diris, ke al ni nenion vi cedos:
ni ne havas ion pli por peti
ol tion jam neitan. Tamen ni petas,
por ke, se vi rifuzos nin, la kulpo
pendu ĉe via ŝtoneco. Sekve, aŭdu nin.

KORIOLANO   Aŭfidio, volcianoj, aŭdu
nenion de Rom' aŭskultos ni private. [*Li sidas.*]
La peto?

VOLUMNIA   Eĉ se senvoĉe ni silentus,
la korpoj kaj vestaĵoj niaj montrus
la vivon ekde via ekziliĝo.
Pli malfeliĉaj ol ĉiuj virinoj vivaj
ni venas tien ĉi. Ke ni vin vidas
devus nin larmigi ĝoje, la korojn
danci pro komforto; sed nin faras

plori kaj tremi triste kaj timante.
Patrin', edzino kaj infano vidas
filon, edzon, patron disŝirantan
la organojn de la patrolando;
kaj al ni via hato plej fatalas.
Vi blokas niajn preĝojn, precipe niajn,
ĉar kiel eblas preĝi por patrujo
al ni ligita, sed ne por venko via,
same al ni ligita? Necesus perdi
aŭ la landon, nian vartistinon,
aŭ la personon vian, nian komforton.
Eĉ se ni povus mem elekti, sekvus
katastrofo evidenta. Aŭ
oni trenos vin ligitan tra la stratoj,
fremdan renegaton, aŭ vi tretos
triumfe sur ruinojn vialandajn
venka pro verŝigo de la sango
de l' edzino kaj infanoj. Filo,
la sorton de l' militoj mi ne atendos:
se tamen mi ne povas vin konvinki
noblan mildecon montri al ambaŭ flankoj
anstataŭ detrui unu, vi ne ekmarŝos
por ataki vian landon ĝis vi tretos –
fidu min – sur l' uteron de l' patrino
kiu vin portis en la mondon.

VIRGILIA   Kaj mian,
kiu al vi elportis tiun ĉi knabon

por vivigi vian nomon en estonton.

JUNA MARTIO Sur min vi ne tretos. Mi forkuros ĝis
mi pli granda estos. Tiam mi batalos.

KORIOLANO Necesas por virinan molon bridi
vizaĝon de virino ne plu vidi.
Mi tro longe sidis. [*Li ekstaras.*]

VOLUMNIA Ne foriru.
Se nia peto emus romianojn
savi, sed detrui volcianojn,
kiujn vi servas, vi povus nin kondamni
kiel venenajn al via honoro. Sed ne.
Nia peto estas repacigo –
ke la volcianoj povu diri
«Ni kompatis», kaj romianoj diru
«Pacon ni ricevis», kaj ambaŭ flankoj
danku vin kriante, «Vi benata
estas pro ĉi paco!» Vi scias, filo:
malcertas la milito, sed certe estas,
se vi konkeros Romon, ke l' kompenso
kiun vi rikoltos estos nomo
kies ripetado estos sakro,
kaj kies kronik' deklaros, «Ĉi tiu homo
noblis, sed per sia lasta faro
li tion forviŝis, detruis sian landon,
kaj lia nomo restos abomena
al posteuloj.» Al mi parolu, filo.
Afektis vi fajnaĵojn de honoro

imite al la trajtoj de la dioj
per tondro ŝiri vangojn de l' aero,
sed ĉion ĉi vi ŝarĝis per sulfuro[55]
taŭga nur por kverkon fendi. Parolu!
Ĉu kredas vi honore ke noblulo
daŭre domaĝojn portu? Filin' parolu!
Plorado ne lin movas. Knabo, parolu.
Eble la infaneco lin persvados
pli ol racio nia. En tuta mondo
ne ekzistas homo pli ligita
al la patrino, sed li lasas min
babili kiel kondamnito. Neniam
vi atentis la patrinon kiu
kiel kokino priklukis vin militen
kaj nove hejmen, ŝargitan de honoro.
Se maljustas mia peto, min forpuŝu.
Sed, se ne, vi ne honestas, kaj
la dioj vin priplagos, ke vi min baras
de l' devo al patrino apartena.
Li forturniĝas. Suben, sinjorinoj.
Ni hontigu lin genue. La nomo
Koriolano vekas nur fieron,
ne al nia pet' kompaton. Genuen!
Fino. Jen la lasta.

---

[55] Sulfuro: fulmo. Koriolano ludas la rolon de dio (Jupitero estis asociita kun tondro kaj fulmo) sed efektive lia kolero estas nur tiu de ordinara fulmo.

[*La Sinjorinoj kaj Juna Martio genuas.*]

Hejmen al Romo
por tie morti inter la najbaroj.
Sed vidu, tiu ĉi knabo senkomprene
etendas siajn manojn en frateco
pli forte rezonante nian peton
ol vi rezonon havas por ĝin nei.
Ni iru. [*Ili ekstaras.*] Ĉi ulo havis kiel patrinon
volcianinon. En Koriolo loĝas
la edzino. La filo lin similas
nur pro hazardo. Sed senŝarĝigu nin.
Ĝis nia urbo brulos, mi silentos,
sed tiam mi ion diros.   [*Koriolano tenas ŝian
manon, silente.*]

KORIOLANO   Ho, patrino!
Kion vi faris? Apertas la ĉielo,
la dioj nin rigardas, kaj priridas
ĉi tiun nenaturan scenon. Patrino!
Feliĉan venkon vi por Romo gajnis,
sed vian filon, kredu min, ho kredu,
danĝere vi persvadis, eĉ al morto.
Sed tio venu poste. Aŭfidio,
kvankam militon mi ne povas fari,
pacon konvenan mi fasonos. Kaj,
Aŭfidio, se vi ĉi tie starus,
ĉu malpli forte vi patrinon aŭdus,
aŭ malpli al ŝi cedus, Aŭfidio?

AŬFIDIO   Min movis emocio.

KORIOLANO   Sendube jes

kaj, sinjoro, ne facilas igi

miajn okulojn pro kompato ŝviti.

Sed kian pacon pretus vi nun fari?

Mi mem al Rom' ne iros: kun vi restos.

Subtenu min, mi petas. Patrino! Edzino!

AŬFIDIO [*flanke*] Mi ĝojas, ke en vi konflikt' ekregas

inter kompato kaj honoro. Per tio

por mi kreiĝos bona sorto.

KORIOLANO   [*al Volumnia kaj Virgilia*]   Baldaŭ

ni kune trinkos, kaj al Rom' vi portos

ateston pli konvinkan ol la vortojn

kiujn ni konforme jam sigelos.

Venu, sinjorinoj; vi meritas,

ke ni konstruu templon vianome.

Ĉiuj italaj glavoj, ĉiuj armeoj

ne povus tian pacon tiel fari.

Ili eliras.

5.4

Envenas Menenio kaj Sicinio.

MENENIO   Vidu tiun ŝtonon de la Kapitolo, tiun angulo-
            ŝtonon.

SICINIO   Kio pri ĝi?

MENENIO   Se vi kapablas movi ĝin per via etfingro, estas
            iom da espero, ke la Romaj damoj, precipe la
            patrino, konvinkos lin. Laŭ mi, espero foras.
            Niaj gorĝoj estas jam kondamnitaj kaj atendas
            ekzekuton.

SICINIO   Ĉu eblas, ke tiel mallonga tempo povus tiel
            ŝanĝi la situacion de homo?

MENENIO   Estas diferenco inter raŭpo kaj papilio; tamen,
            la papilio iam estis raŭpo. Tiu Martio kreskis
            de homo al drako. Li posedas flugilojn, estas pli
            ol nura rampulo.

SICINIO   Li amis sian patrinon kare.

MENENIO   Sed ankaŭ li min, sed nun li ne pli memoras
            sian patrinon ol okjara ĉevalo. Lia acida
            vizaĝo maldolĉigas maturajn vinberojn. Kiam
            li marŝas, li marŝas kiel militmaŝino kaj la tero

time retiriĝas sub lia treto. Li kapablas tra-
bori kirason per sia okulo, parolas kiel funebra
sonorilo kaj zumas kiel kanonaro. Li sidas en
sia sieĝo kiel statuo de Aleksandro la Granda[56].
Tio kion li petas estas jam farita per la peto.
Mankas al lia dieco nur eterno kaj ĉielo kie
troni.

SICINIO   Kaj ankaŭ indulgo, se vi ĝuste priskribas lin.

MENENIO   Mi lin pentras laŭ la vivo. Rimarku kiom da
indulgo reportos la patrino. Li havas tiom da
indulgo kiom maskla tigro havas lakton. Tion
eltrovos nia urbo – kaj ĉio ĉi pro vi.

SICINIO   La dioj nin kompatu.

MENENIO   Ne, en tiu ĉi okazo la dioj ne kompatos. Kiam
lin ni ekzilis, la diojn ni ne respektis, kaj je lia
reveno por rompi al ni la kolojn, ili ne respektos
nin.

Envenas Kuriero.

KURIERO [al Sicinio] Por savi vian vivon, rapidu hejmen.
                 La plebo jam arestis vian kolegon
                 kaj tien-reen trenas lin ĵurante
                 ke se la damoj ne reportos pacon
                 laŭcolan morton li ricevos.

Envenas plia Kuriero.

---

[56] Aleksandro Granda estis reĝo de Makedonio, fama pro sia militado kaj kreo
de makedona imperio.

SICINIO	Novaĵojn?
2-a KURIERO	Bonaj novaĵoj. Venkis la sinjorinoj.

Reiris la volcianoj, kaj Martio for.
Pli ĝoja tag' neniam Romon benis,
eĉ je la elpel' de Tarkvinio[57].

SICINIO   Amiko, ĉu veras? Ĉu vi estas certa?

2-a KURIERO   Same kiel la suno estas fajra.

Kie vi kaŭris, ke vi tion dubas?
Neniam tra tunelo tajdo hastis
kiel tra l' pordegoj jubilantoj.

Trumpetoj kaj hobojoj sonas, oni batas tamburojn, ĉio kune.

Aŭskultu la trumpetojn kaj sabekojn,
harpojn, fajfilojn, cimbalojn; ĉio kune
kun kriantaj romianoj igas
la sunon danci! [*Krio ene*]

MENENIO   Jen novaĵoj bonaj!

La damojn mi renkontos. Volumnia
valoras tutan urbon da dignuloj –
konsuloj, senatanoj, patricioj –
kaj da tribunusoj tutan mondon.
[*al Sicinio*] Vi bone preĝis hodiaŭ. Ĉi-matene
kontraŭ eĉ dekmil' da viaj gorĝoj
unu cendon mi ne vetus. [*Daŭras la krioj.*]
                Aŭdu la ĝojon!

SICINIO   [*al la dua Kuriero*] La dioj benu vin pro la novaĵoj.
Akceptu miajn dankojn.

---

[57]   La lasta reĝo de Romo, elpelita de la romianoj.

2-a KURIERO	Sinjoro, ni ĉiuj havas kaŭzon doni dankojn.
SICINIO	Ĉu ili proksimiĝas al la urbo?
2-a KURIERO	Preskaŭ eniras.
SICINIO	Ni iru renkontiĝi kaj helpu festi.

Ili eliras.

5.5

Envenas du Senatanoj kun sinjorinoj: Volumnia, Virgilia, Valeria, kaj la juna Martio. Ili pasas trans la scenejon, kun aliaj lordoj.

SENATANO   Jen nia patronino, vivo de Romo!

Venigu viajn tribojn, la diojn laŭdu,

triumfajn fajrojn faru, disĵetu florojn.

Malhurlu la ekzilon de Martio

nuligan per patrina bonvenigo.

Kriu «Bonvenon, damoj, bonvenon!»

ĈIUJ   Bonvenon, damoj, bonvenon!

Sonado de tamburoj kaj trumpetoj. Ĉiuj eliras.

5.6

Envenas Tullo Aŭfidio kun akompanantoj.

AŬFIDIO   Diru al la lordoj de la urboj,
               ke mi alvenis. Donu ĉi paperon. [*Li donas*
               paperon.]
               Venigu ilin al la vendoplaco.
               Tie, antaŭ ili kaj plebanoj,
               mi ĵuros ĝian veron. La akuzato
               jam venis en la urbon kaj intencas
               antaŭ la popolo sin prezenti
               kaj purigi sin per vortoj. Iru. [*Akompanantoj*
               eliras.]

Envenas tri-kvar Konspirantoj de la partio de Aŭfidio.

1-a KONSPIRANTO Kiel fartas nia generalo?

AŬFIDIO   Kiel homo venenita de almozo,
               de propra karitato mortigita.

2-a KONSPIRANTO Sinjor', se via intenco restas sama
               laŭ via komisio, ni liberigos
               vin el danĝero granda.

AŬFIDIO   Eble.

        Ni procedu laŭ humoro de l' popolo.

3-a KONSPIRANTO Dum inter vi ekzistos diferenco,
        ili hezitos, sed la fal' de unu
        igos la alian heredanto.

AŬFIDIO   Mi scias. Mia akuzo kontraŭ li
        havas kredeblon. Mi mian honoron
        lombardis kontraŭ lia lojaleco,
        kaj, kiam farite, li akvumis
        la novajn plantojn per roso de flatado,
        misgvidis miajn amikojn, kaj tiucele
        falsis sian naturon, antaŭe nur
        krudan, neŝanĝeblan kaj liberan.

3-a KONSPIRANTO Sinjoro, lia obstino kiel pledanto
        por la konsuleco, kiun li perdis
        pro necedemo…

AŬFIDIO   Ĝuste pri tio temas.
        Ekzilite, li venis al mia kameno,
        la gorĝon metis al mia glavo, kaj mi
        lin faris kuna komandanto,
        ebligis liajn dezirojn, lasis lin
        selekti el miaj rangoj propracele
        plej bonajn miajn soldatojn, helpis lin
        atingi tiun famon kiun li celis
        je mia propra kosto misa. Tiel
        mi ŝajnis lia sekvanto, ne partnero,
        kaj min li traktis kiel sian dungiton.

1-a KONSPIRANTO Jes ja. La armeo miris, kaj
                kiam Rom' kaptiĝu, ni atendis
                same predon kiel gloron.

AŬFIDIO   Jen tio
                kio streĉos miajn membrojn kontraŭ li.
                Per kelkaj larmogutoj virinecaj,
                senkostaj kiel mensogoj, li forvendis
                de nia ag' la sangon kaj laboron.
                Li mortu. La falo min novigos. Aŭdu…

Tamburoj kaj trumpetoj sonas, kun grandaj krioj de la popolo.

1-a KONSPIRANTO Senbrue vi envenis propran urbon,
                sen bonvenigoj. Sed por li l' aeron fendas
                la kriado.

2-a KONSPIRANTO   Kredemaj idiotoj,
                kies idojn li mortigis, disŝiras
                siajn gorĝojn linglorige.

3-a KONSPIRANTO   Sekve,
                antaŭ ol li parolos kaj ekmovos
                la popolon, li sentu vian glavon.
                Ni apogos. Kiam li tie kuŝos
                morta, via rakonto, laŭ via stilo,
                entombigos lin sen plia plendo.

AŬFIDIO   Sufiĉas. Jen venas la lordoj.

Envenas la lordoj de la urbo.

ĈIUJ LORDOJ   Sinjoro, bonvenon.

AŬFIDIO   Mi tion ne meritas. Sed, lordoj indaj,
                 ĉu vi trastudis tion kion mi skribis?

ĈIUJ LORDOJ   Ni tion faris.

1-a LORDO   Kaj noti ĝin bedaŭras.
                 Liaj antaŭaj misoj pardoneblis,
                 sed fini tie kie li komencu,
                 forĵetante niajn avantaĝojn,
                 al ni repagi nur per nia prunto,
                 fari pakton kie okazis cedo –
                 ĉio ĉi rifuzas senkulpigon.

AŬFIDIO   Li alvenas. Vi aŭdos lin.

Envenas Koriolano kun tamburado kaj standardoj, akompanata de
popolanoj.

KORIOLANO   Lordoj, saluton. Mi revenas via soldato,
                 ne pli infekta de l' patruja amo
                 ol kiam mi ekiris, sed starante
                 sub via komando. Sciu, ke prospere
                 mi sukcesis kaj, per sanga vojo,
                 gvidis la militon al la pordoj
                 de Romo. La predo pli ol kontraŭpezas
                 per trion' la kostojn de l' atako.
                 Ni faris pacon ne malpli honoran

                    al Antianoj ol al Rom' hontigan.
                    Jen, de l' konsuloj kaj la patricioj
                    subskribita, nia pakto, kun sigelo
                    de la Senato.   [*Li proponas paperon al la Lordoj.*]

AŬFIDIO   Ne legu ĝin, nobluloj,
                    sed diru al la perfidulo kiel
                    li misuzis viajn povojn.

KORIOLANO   «Perfidulo»?

AŬFIDIO   Jes, Martio, «perfidulo».

KORIOLANO   «Martio»?

AŬFIDIO   Jes, Martio, Kaio Martio. Ĉu
                    mi dignigu vin per tiu ŝtelaĵo
                    «Koriolano» ĉi tie en Koriolo?
                    Lordoj, ŝtatestroj, viajn interesojn
                    li perfidis – cedis kontraŭ kelkaj
                    salogutoj[58] vian urbon Romon –
                    jes, urbon vian – al l' edzino
                    kaj patrino, rompante sian ĵuron
                    kiel putran silkon, kaj konsilojn
                    ignorante. Kiam la vartistinoj
                    larmis, li ekploris kaj forblekis
                    tutan vian venkon. Paĝioj ruĝis
                    kaj bonkoraj viroj inter si
                    rigardis kaj miregis.

KORIOLANO   Aŭdu, Marso!

AŬFIDIO	Ne nomu dion, larma knabo.
KORIOLANO	Ha?
AŬFIDIO	Sufiĉas.

KORIOLANO
Pretermezura mensogulo,
ŝvelas mia koro ekster limoj.
«Knabo»? Ho sklavo! Lordoj, pardonu min:
unuan fojon mi riproĉi devas.
Via juĝo, lordoj, devas al ĉi-hundo
– li kiu surkorpe tenas miajn striojn
kaj ilin portos prese ĝis la tombo –
reĵeti la mensogon.

1-a LORDO
Ĉesu! Aŭskultu min.

KORIOLANO
Dispecigu min, volciaj viroj;
makulu viajn klingojn. «Knabo»? Hundaĉo!
Se vi verkis bone la kronikojn,
mi, kiel aglo ĉe kolomboj,
en Koriol' displumis volcianojn.
Sola mi faris. «Knabo»!

AŬFIDIO
Ĉu licas, lordoj,
ke sakra orgojlulo laŭdu sin
pro simpla bona ŝanco (kaj via honto)
antaŭ viaj okuloj?

ĈIUJ KONSPIRANTOJ
Pro tio li mortu!

ĈIUJ HOMOJ
Lin disŝiru! Faru tuj! Li mortigis mian filon!
Mian filinon! Li mortigis mian kuzon Marko!
Li mortigis mian patron!

2-a LORDO   Pacon! Restu trankvilaj! Pacon, ho!
                   La homo estis nobla; lia famo
                   kovras la terglobon. Liaj deliktoj
                   estu juĝataj jure. Aŭfidio,
                   haltu! La pacon ne disfendu.

KORIOLANO   Se nur
                   mi frontus lin, eĉ tutan tribon, eĉ seson
                   da Aŭfidioj, per mia justa glavo…

AŬFIDIO   Fripono senrespekta!

ĈIUJ KONSPIRANTOJ   Morton, morton!
                   Mortigu lin, mortigu lin, mortigu!

Du Konspirantoj elprenas siajn glavojn kaj mortigas Martion, kiu falas.
Aŭfidio staras super lin.

LORDOJ   Haltu, haltu, haltu, haltu!

AŬFIDIO   Noblaj mastroj, aŭskultu min.

1-a LORDO   Ho, Tullo!

2-a LORDO   Pro tiu via faro kuraĝo ploros.

3-a LORDO   Ne surtretu lin. Mastroj, trankvilu.
                  Ingu viajn glavojn.

AŬFIDIO   Lordoj miaj,
                  kiam vi scios – neeble ĉi-momente
                  sub tia provoko – la danĝeron grandan
                  kiun tiu homo reprezentis,
                  vi ĝojos pro la vivotranĉo. Bonvolu
                  antaŭ la Senaton min alvoki.

Mi pruvos min lojala, aŭ akceptos
vian plej pezan juĝon.

1-a LORDO   La korpon forportu
kaj lin funebru. Li estu rigardata
kadavro la plej nobla, kiun
heroldo iam sekvis al la tombo.

2-a LORDO   De Aŭfidi' la furiozo propra
mildigas lian kulpon. Ni elturniĝu.

AŬFIDIO   Mi perdis la koleron; tristo frapas.
Lin forportu. Helpu tri soldatoj,
mi la kvara. Batu la tamburon:
parolu ĝi lamente. Lancojn turnu.
Kvankam ĉi-urbe multe li vidvigis,
seninfanigis multajn, kiuj ankoraŭ
priploras la ofendon, li ricevu
memoron noblan. Asistu.

Oni eliras portante la korpon de Martio. Sonas mortomarŝo.

FINO

Dankoj

Pluraj homoj helpis min deĉifri malfacilaĵojn en la originala teksto aŭ trovi solvojn kiuj funkciu en Esperanto. Supozante, ke ĉiu parolanto de Esperanto estas allogata al solvado de lingvaj enigmoj, mi nemalofte tedis miajn geamikojn per levado de tiaj demandoj meze de tute trankvilaj Esperanto-konversacioj, tiel semante malkonsentojn kaj devante foje repacigi kolegojn.

Kelkaj homoj provlegis partojn aŭ eĉ la tuton de la traduko. Mi tiurilate aparte dankas al Mark Fettes, kiu tralegis la tutan tradukon, kaj same al Edmund Grimley Evans, kiu trovis inter la paperoj de Marjorie Boulton la jam parte tradukitan verkon, instigis min al kompletigo, kaj kontrolis la rezulton. Al Tim Owen mi direktas apartajn dankojn pro lia superrigardo de la aperiga projekto kaj lia rapida kaj admirinda kompostado kaj enpaĝigo.

Kaj kion diri pri la spirito de Marjorie Boulton, kiu animis la tuton kaj al kiu mi ŝuldas la projekton mem? Povi kompletigi la nekompletan tradukon estis por mi honoro kaj eta esprimo de dankoj pro la vivo de eksterordinara kontribuanto al la Internacia Lingvo kaj nobla sinjorino.

Mi ne dubas, ke restas eraroj. Pri ili mi plene respondecas. Kaj se ekzistas malkonsentoj pri interpreto de difinitaj versoj, mi estas je dispono de la dubantoj por pliaj varmaj debatoj en la spirito de Zamenhof (nia unua ŝekspirologo) kaj la spirito de esperantistoj ĝenerale.

H.T.

Printed in the USA
CPSIA information can be obtained
at www.ICGtesting.com
LVHW042112050823
754374LV00010B/930

9 780902 756694